生态循环农业绿色种养技术与模式

张建学　张海燕　韩　鹏　张瑞雪　张　弛　主编

中国农业科学技术出版社

图书在版编目（CIP）数据

生态循环农业绿色种养技术与模式 / 张建学等主编 . 北京：中国农业科学技术出版社，2024.6. --ISBN 978-7-5116-6886-8

Ⅰ.S-0

中国国家版本馆 CIP 数据核字第 2024CQ8808 号

责任编辑　倪小勋
责任校对　马广洋
责任印制　姜义伟　王思文

出 版 者	中国农业科学技术出版社
	北京市中关村南大街 12 号　邮编：100081
电　　话	（010）62111246（编辑室）　（010）82106624（发行部）
	（010）82109709（读者服务部）
网　　址	https://castp.caas.cn
经 销 者	各地新华书店
印 刷 者	北京建宏印刷有限公司
开　　本	170 mm×240 mm　1/16
印　　张	11
字　　数	160 千字
版　　次	2024 年 6 月第 1 版　2024 年 6 月第 1 次印刷
定　　价	45.00 元

◆◆◆ 版权所有・翻印必究 ◆◆◆

《生态循环农业绿色种养技术与模式》编委会

主　任：赵东钊
副主任：赵　靖　张　旭
委　员：赵　林　高　阳

《生态循环农业绿色种养技术与模式》
编写人员

主　编： 张建学　张海燕　韩　鹏　张瑞雪
　　　　　张　弛
副主编： 张忠义　赵　凯　吕志强　董　静
　　　　　孟金薇　郝立岩　张晓萌　张瑞芳
　　　　　刘淑娟　刘　盼　刘　强　李　倩
参编人员（按姓氏笔画排序）：
　　　　　王　红　尹宝重　石长学　邢卫娜
　　　　　刘　洁　刘义广　刘鑫融　齐佳佳
　　　　　关贝贝　杜永亮　杜娜钦　杨　洪
　　　　　李春雪　吴文静　张　丁　张　惠
　　　　　张正贤　张晓光　张晓芳　赵　旭
　　　　　赵　斌　赵丹丹　赵世雷　赵要恒
　　　　　赵彦彩　高红霞　阎静涵　葛　嫚
　　　　　谢　静　魏　永

目 录

第一章 生态循环农业基础知识 … 1

第一节 农业生态系统 … 2
一、农业生态系统的概念 … 2
二、农业生态系统的结构 … 3
三、农业生态系统的特征 … 4
四、农业生态系统的功能 … 7

第二节 循环农业内涵 … 8
一、循环农业的基本情况 … 8
二、循环农业的发展 … 12
三、循环农业的模式 … 15
四、循环农业的特征 … 16
五、循环农业的功效与作用 … 18
六、大力扶持绿色生态循环农业产业化发展 … 20

第三节 循环农业原理 … 23
一、循环农业的基本原则 … 23
二、循环农业的发展原理 … 24

第二章 绿色种养循环农业概述 … 31

第一节 绿色种养循环农业的概念和背景 … 32
一、绿色种养循环的概念 … 32
二、种养循环农业模式 … 32
三、绿色种养循环农业的发展背景 … 40

第二节 绿色循环农业的发展 …… 43
一、国内绿色种养循环农业的发展 …… 43
二、绿色种养循环农业的探索 …… 44
三、绿色种养循环农业的发展前景 …… 58

第三节 绿色种养循环农业的意义和成效 …… 59
一、绿色种养循环农业的意义 …… 59
二、绿色种养循环农业的初步成效 …… 61

第三章 生态循环农业关键技术 …… 63

第一节 立体间套高效生产技术模式 …… 64
一、间作套种的含义 …… 64
二、间作套种的优势与劣势 …… 64
三、作物间作套种的基本原则 …… 66
四、间作套种的模式及问题 …… 66
五、间作套种模式的下一步建议 …… 72

第二节 林下生态绿色种养技术模式 …… 73
一、林下经济的含义 …… 74
二、林下经济的特点 …… 75
三、林下经济的发展原则 …… 78
四、林下经济的发展模式 …… 78
五、发展林下经济的重要意义 …… 81
六、发展林下经济的建议 …… 83

第三节 作物轮作绿色高效技术模式 …… 84
一、作物轮作的含义 …… 84
二、作物轮作的分类 …… 85
三、作物轮作的模式 …… 86
四、作物轮作的优势和长期连作的劣势 …… 87
五、作物轮作的政策支持 …… 90

第四节　废弃物资源化利用技术模式 …… 91
一、农作物秸秆综合利用 …… 91
二、畜禽粪便肥料化利用 …… 110

第五节　生产资料减量增效技术模式 …… 135
一、农业生产资料的含义 …… 135
二、合理利用农业生产资料的意义 …… 136
三、农业生产资料的高效利用手段 …… 138

第六节　绿色高效防控集成技术模式 …… 151
一、发展绿色防控技术的必要性 …… 151
二、绿色防控技术集成基本原则 …… 152
三、常见的绿色防控技术 …… 153

第七节　其他生态农业配套技术模式 …… 156
一、立体循环种养模式简介 …… 156
二、立体种养模式分类 …… 158
三、立体种养模式的优势和劣势 …… 161

第一章
生态循环农业基础知识

第一节　农业生态系统

一、农业生态系统的概念

农业生态系统是人类利用农业生物与非生物环境之间，以及生物种群之间的相互作用建立起来的，并按照人类社会需求进行物质生产的有机整体，是一种被人类驯化，很大程度上受人为控制的自然生态系统。实质上，农业生态系统是人类利用农业生物来固定、转化太阳光能，以获取一系列社会必需的生活资料和生产资料。农业生态系统是一种半自然生态系统，不仅受自然条件的制约，还受人为过程的影响，在较大程度上受人为干预；不仅受自然生态规律的支配，还受社会经济规律的调节；既受制于自然和社会条件，又受益于自然和社会条件。农业生态系统分为以下几个类型。

1. 以农田为中心的生态系统

以农田为基础，由以作物为主体的生物成分和以土壤、水分、空气、光热为主体的非生物成分组成，以发展农业生产为目的的人工控制的陆地生态系统称为农田生态系统。农田生态系统既是一个独立的生态系统，也是农业生态系统的一个重要组成部分。以农田为中心的农业生态系统的特点是，种植业一般比较发达，是农业生态系统的主导产业和农村经济的主要支柱。

2. 农林牧结合生态系统

在这个系统中，种植业亚系统以农田为基础，林业亚系统为整个农业生态系统提供生态屏障，而畜牧业亚系统则是整个生态系统中物质循环和能量转换的重要环节。

3. 农林结合生态系统

农林结合的形式主要有农林模式、农果模式、农经模式等。

二、农业生态系统的结构

农业生态系统主要由农业生物系统、农业环境系统和人工调节控制系统三部分组成。其中，农业环境和农业生物是农业生态系统的两个基本方面，农业技术是人工调控的重要手段，以保证整个农业生态系统的协调生产与运作。其总体结构包括农业环境与资源、农业生物、农业技术、农业输入输出等组成部分。

农业生态系统是由多个子系统构成的复杂系统，包括农田生态系统、草原放牧生态系统、从事捕捞的水域生态系统、森林生态系统、居民点及饲养业生态系统等。在各子系统之间，它们行使着物质循环和能量交换的职能。

农业生态系统的结构是指农业生态系统组分在空间、时间上的配置及组分间能流、物流的顺序关系。主要包括农业生态系统的组分结构、时空结构和营养结构。

1. 农业生态系统的组分结构

农业生态系统的组分结构是指农业生态系统中各生物种类的组成、数量及其相互关系。组分结构包括农、林、牧、副、渔各业之间的比例关系，以及各业内部的物种组成和量比关系。对农业生态系统组分结构的定量描述，常采用各业用地面积占总土地面积的比例，或各业产值占总产值的比例，或各业产出的生物能量占系统生物能总产出量的比例，或各业蛋白质生产量占系统蛋白质生产总量的比例来表示。

2. 农业生态系统的时空结构

农业生态系统的时空结构是指在生态区域内各生物种群生活周期在时间分配上形成的格局。包括农业生态系统的空间结构和时间结构。

农业生态系统的空间结构常分为水平结构与垂直结构。水平结构是指一定区域内，各种农业生物类群在水平空间上的组合和分布，亦即由农田、人工草地、人工林地、池塘等类型的景观单元所组成的农业景观结构。垂直结构是指农业生物类群在同一土地单元内在垂直空间上的组合和分布。在垂直方向上，环境因子因地理高程、水体深度、土壤深度和生物群落高度而产生相应的垂直梯度，如温度的高度梯度、光照的水深梯度。

农业生态系统的时间结构是指农业生物类群在时间上的分布和发展演替。

3. 农业生态系统的营养结构

农业生态系统的营养结构是指生态系统中生物间构成的食物链与食物网结构。农业生态系统不但具有与自然生态系统类同的输入与输出途径（如通过降雨、固氮的输入，通过地表径流和下渗的输出），而且有人类有意识增加的输入（如灌溉水、化学肥料、畜禽和鱼虾的配合饲料），也有人类强化了的输出（如各类农、林、牧、渔产品的输出）。

三、农业生态系统的特征

农业生态系统是被驯化了的生态系统，是以多种形式的中间产物置于自然生态系统之中，诸如加工的草原和森林是一方面，城市又是一方面。它与自然生态系统一样，是以太阳光为能源，但不同的是：①提高生产力的辅助能源是燃料而不是自然能（长期的动物活动和人类劳动）；②为了把各种产品中专用食物的产量增加到最大限度，通过人为的处理，其多样性大大地减少了；③优良的动植物为人工选择而不是自然选择；④对目的控制是外部而不是内部，不是通过自然生态系统内子系统的反馈。

农业生态系统像城市工业系统那样，内部都具有广泛的依赖性，同时对外界都有一定的影响，都具有较大的输入和输出环境。不同的是，农业生态系统是自养而不是异养。据经济不发达国家的实践，非工业在农业的功率密度水平与自然生态系统的工业密度水平是大不相同的。工业化农业国家，由于高能和化学物质的应用，功率密度水平比自然生态系统要大10倍或者更多。农业化学污染物质以及土壤侵蚀，对河道、大气和其他地球上支持生命的系统产生影响，城市工业区更为严重。

由于能源和污染带来的成本增加，许多人认为，必须从主要技术、经济、政治方面努力，以降低农业和城市系统输入和输出的成本。还有观点认为，它们中一个系统或两个系统的过饱和，将很快摧毁自然生命支持系统对它们的支持能力。为了完成长远目标，首先要把研究范围集中起来，而耕地和牧场包括平原和森林，只把其看成一个较大地区或全球性的生态系统的一个功能部分（如一个有等级的通道），是从属的生态系统。所谓世界粮食问题，并不因从某一个研究范围，诸如农艺学，单一耕作方面去努力而有所缓和，也不因生态学作为一个研究范围，能提供任何及时的或直接的解决办法。但是，以生态学理论为基础，全面考虑研究范围，将有助于提高资源利用率或向系统水平靠近。

农业生态系统是由自然生态系统演变而来，并在人类的活动影响下形成的，它是人类驯化了的自然生态系统。因此，农业生态系统与自然生态系统一样，也由生物与环境两大部分组成，但亦有所不同。生物组分是以人工驯化、栽培的农作物、家畜、家禽等为主，在农业生态系统的生物组分中增加了"人"这个大型消费者，同时又是环境的调控者；环境组分则是部分受到人工控制或是全部经过人工改造的环境。农业生态系统由于受人类社会活动的影响，它与自然生态系统相比有如下特点。

一是农业生态系统是有目的的人工控制系统。自然生态系统的生物种类构成是在特定环境条件下，经过生物种群之间、生物与环境之间的长期相互适应形成的自然生物群落，具有特定环境下的生态优势种群和丰富的物种多样性。农业生态系统中最重要的生物种类是经过人工驯化培育的农业生物以及与之有关的生物。此外,人类通过平整农田、施用肥料、修建水库、灌溉排水、饲料加工、建造畜舍和禽舍、病虫草害防治等措施,调节农业生物生长发育的光、热、水、营养、有害生物等环境条件,使农业生态环境也显著不同于自然生态环境。

二是农业生态系统的净生产力高于自然生态系统。农业生态系统的生产是物质生产的生物学过程和人类农业劳动过程的集合体。农业生态系统中的生物类群多数是按照人类的目的驯化培育而来的,物质循环和能量转化能力得到进一步的加强和扩展,呼吸消耗降低,因而农业生态系统比同一地区的自然生态系统具有较高的生产力和较高的光能利用率。

三是农业生态系统的自我稳定性下降。农业生态系统的生物种类减少,食物链结构变短,农业生物对最佳环境条件依赖性不断增加,抗逆能力减弱,自然调节稳定机制被削弱,系统的自我稳定性下降,因此农业生态系统中需要人为的合理调节与控制才能维持其结构与功能的相对稳定性。

四是农业生态系统的开放程度高于自然生态系统。农业生态系统的生产除了满足日益增长的人类生活需求以外,还要满足市场与工业等行业发展所必需的商品和原料。这样就有大量的农、林、牧、副、渔产品等离开系统,留下少部分残渣等副产品参与系统内再循环;为了维持系统的再生产过程,除了太阳能以外,还要大量向系统输入化肥、农药、机械、电力、灌水等物质和能量。农业生态系统大量辅助能的输入,是与大量产品能的输出互为条件的,这是农业生态系统开放性的标志。

五是农业生态系统同时受自然规律和社会经济规律的制约。农业生态系统的生产既是自然再生产过程,也是社会再生产过程。所以,农业生态系统的存在与发展同时受到自然规律和社会经济规律的双重制约。例如,在确定优势生物种群组成时,一方面要根据生物的生态适应性原理，做到"适者生存"；另一方面还要根据市场需求规律和经济效益规律，分析该生物种群的市场前景和经济规模。

六是农业生态系统的能量流特征不同于自然生态系统。在自然生态系统中，初级生产者转化固定的能量只有 5%~10%，为草食动物采食利用而进入草牧食物链，约 90% 以上的能量就地留下，储存于活的生物体内或有机残屑中，可供系统自我维持之用。在以生产农产品及其他生产、生活资料为目的的农田生态系统中，其能量生产总量中被取走的部分高达 80%~90%，留下可用于系统自我维持的能量已很少。

四、农业生态系统的功能

农业生态系统通过由生物和环境构成的有序结构，可以把环境中的能量、物质、信息和价值资源，转变成人类需要的产品。农业生态系统具有能量转换功能、物质转化功能、信息转换功能和价值转换功能，在这种转换之中形成相应的能量流动、物质循环、信息传递和价值转换。

1. 能量流动

农业生态系统不但像自然生态系统那样利用太阳能，通过植物、草食动物和肉食动物在生物之间传递，形成能量流动，而且为提高生物的生产力，还利用煤炭、石油、天然气、风力、水利、人力和畜力为动力形成以农机生产、农药生产、化肥生产、田间排灌、栽培操作、加工运输等形式出现的辅助能量流动。

2. 物质循环

农业生态系统物质循环中的物质不但有天然元素和化合物，而且有大量人工合成的化合物。即使是天然元素和天然化合物，由于受人为过程影响，其集中和浓缩程度也与自然状态有很大差异。

3. 信息传递

农业生态系统不但保留了自然生态系统的自然信息网，而且还利用了人类社会的信息网，利用电话、电视、广播、报纸、杂志、教育、推广、邮电、计算机网络等方式高效地传送信息。

4. 价值转换

价值可在农业生态系统中转换成不同的形式，而且可以在不同的组分间转移。以实物形态存在的农业生产资料的价值，在人类劳动的参与下，转变成生产形态的价值，最后以增值的产品价值形态出现。价格是价值的表现形式，以价格计算的资金流是价值流的外在表现。

第二节 循环农业内涵

一、循环农业的基本情况

"循环经济"一词最早由美国经济学家 K. 波尔丁在 20 世纪 60 年代提出，主要是指在人、科学技术和自然资源的大系统内，整个企业生产、资源投入、产品利用及其废弃物产生的过程中，把依赖传统型资源消耗的呈线性趋势增长的经济转变成为依靠生态型资源循环利用来发展的经济。循环经济强调"3R"原则，即减量化（Reduce）、再利用（Reuse）、再循环（Recycle）。后来循环经济运用到农业中，逐渐开始形成经济、环境相互协调的思想。即农业发展必须尊重自然发展条件，利用生态系统中的物质循环、能量流动和信息传递功能，保持生态平衡。

循环农业是相对于传统农业发展提出的一种新的发展模式，是运用可持续发展思想和循环经济理论与生态工程学方法，结合生态学、生态经济学、生态技术学原理及其基本规律，在保护农业生态环境和充分利用高新技术的基础上，调整和优化农业生态系统内部结构和产业结构，提高农业生产系统物质和能量的多级循环利用，严格控制外部有害物质的投入和农业废弃物的产生，最大限度地减轻环境污染。我国提出循环农业、减少废弃物的产生或是将农业废弃物利用起来，都要遵循生态系统基本规律和循环经济原则，形成物质多级利用的一种生态农业经营模式。国外早已开始实施循环农业建设，最大限度地减轻环境污染，实现物质的多次利用，减少资源浪费。近年我国开始重视循环农业的发展，以清洁生产和可持续发展理论为指导，实现生态良性循环，以顺应时代的发展趋势与潮流。

目前，人们对食品安全的重视程度越来越高，农业发展也越来越优化，发展循环农业，可以促进生态与经济的和谐发展，既保证农产品质量安全，又可提高生产效率、保护环境。将原来单一的"资源—产品—废弃物"模式转变成为"资源—产品—再生资源"的循环模式，主要是减少废弃物的产生和对资源的消耗。发展循环农业还可在一定程度上应对气候变化，减少农业污染，提高经济效益，推动农业产业链条生态化、资源利用节约化、废弃物利用资源化、生产过程清洁化，走资源节约、产出高效、环境友好、产品安全的现代化农业道路。循环农业的推动并不是单一的产业发展，而是各个产业的有机结合，可形成种植业、养殖业、林业、渔业和加工业、销售业的结合，形成环境友好型和资源节约型的社会。发展循环经济，有利于推动我国农业的可持续发展。没有农业的循环经济，就不可能建成整个社会的循环经济，更谈不上建立循环型社会。循环农业的发展无疑会带来经济效益的增长、农产品产量的提升，这也是社会发展所必需的。目前，资源和环境的压力日益增大，对资源节约和环境保护的举措迫在眉睫，农业生产对水资源的浪费十分严重，对传统农业中的资源浪费和环境污染都可采用循环农业的思想去解决。

2024年中央一号文件在加强农村生态文明建设方面提出，持续打好农业农村污染治理攻坚战，一体化推进乡村生态保护修复。扎实推进化肥农药减量增效，推广种养循环模式。整县推进农业面源污染综合防治的规定也从政策层面肯定了"资源—产品—再生资源"的循环模式。我国以农业为主要国民经济支柱，而农业也是产生温室气体的主要来源，为了保护环境，与环境和谐相处，要大力发展循环农业，积极运用生态环境的自然规律，使用绿色环保的发展方式。循环农业是在传统农业发展的基础上提出的新的发展模式，是将原来的开环形转变成闭环形的模式，既提高了社会效益又保护了生态环境，是全面建成小康社会的保障。

国外主要依据循环经济的"3R"原则，是分别针对输入端、过程性和输出端的方法，主要包含以下几种模式。

减量化模式：美国精准农业采用的就是"减量化模式"，以田间每一个操作单元的具体条件作为指导，准确地管理各项作物和土壤，通过最大限度地优化农业成本投入（如种子、农药、水、化肥等）来获取最高的经济效益和产量，避免过度使用化学物质，保护农业生态环境。美国精准农业的关键技术和内容主要包含以下方面。一是改进操作方式，实行免耕法。如在冬季农闲时节种植适应寒冷气候的豆科草，在春季播种前尽可能施用少量的生物除草剂来限制其生长，再直接进行作物的播种，从而实现豆科草与作物间作。这样既能很好地保持土壤的有机结构，达到避免肥料和水土流失的目的，又能很好地抑制病虫害滋生。二是采用现代生物新技术处理动物粪便。如利用苍蝇产卵的方式处理粪便，使其成为一种优质的蛋白饲料，达到资源多级利用的目的。此外，还可对粪便进行集中加工处理，以减轻有害废弃物对环境的危害。

再利用模式：德国的"绿色能源"农业就是采用"再利用"模式，从科技方面积极探索生物质能的循环及其再利用。德国科学家对油菜、甜菜、玉米、马铃薯等进行定向选育，从中制取乙醇、甲烷，成功地从传统意义上的农业废弃物中生产出了绿色能源，还从菊芋植物中制取酒精，从羽豆中提取生物碱等。油菜是德国目前最重要的能源作物，油菜籽既可用作化工原料，又可提炼植物柴油，代替矿物柴油作为动力燃料。

再循环模式：日本循环农业模式的核心是从终端控制，将农业污染物变成新的资源，即"再循环"模式。如日本菱镇将下水道的污泥、家畜粪便、农业废弃物有机物投入专门的发酵设备中，通过发酵产生甲烷气体用于发电，剩余的其他残留物进行固液分离。其中，固体成分通过再干燥成为肥料，液态部分通过处理后进行排放，充分体现了废弃物的资源化和无害化处理。

循环农业是旨在通过资源的高效循环利用和环保措施来实现农业可持续发展的生产方式。它强调在农业生态系统内部推动资源的循环流转，以减少废弃物产生和环境影响，同时提高资源的使用效率和经济收益。循环农业的原则包括减量化、再利用和资源化，即尽可能减少新资源的消耗，最大限度地重复利用现有资源，并通过回收和处理技术实现废弃物的无害化处理。这种农业生产方式不仅有助于节约资源、降低能耗，还能带来良好的社会、环境和经济效益。循环农业的理念是在保持农业生产力的前提下，对自然环境和社会经济进行综合考量，形成一种低投入、高循环、高效率的新型农业形态。

近半个多世纪以来，我国农业的增长在很大程度上依赖于资源开发和化石资源投入的增加，大量使用化肥、农药、生长调节剂等化学物品，带来了环境污染问题、生物多样性减少或消失的问题、土壤板结造成的自然肥力退化问题、地下水资源污染问题、食品安全问题等。我国农业创造了用占世界7%的耕地养活22%的人口的奇迹，但同时，农业也成为一个不容忽视的重要资源消耗源，在某种程度上也可以说是巨大资源的浪费源，同时也是一个重要的污染源。节能减排、降低污染、保护生态环境、提高资源利用效率和经济增长质量，现代循环农业肩负着义不容辞的责任。

发展循环农业是实现农业可持续发展战略的重要途径。循环型农业是运用可持续发展思想和循环经济理论与生态工程学的方法，在保护农业生态环境和充分利用高新技术的基础上，调整和优化农业生态系统内部结构及产业结构，提高农业系统物质能量的多级循环利用，严格控制外部有害物质的投入和农业废弃物的产生，最大限度地减轻环境污染，使农业生产活动真正纳入农业生态系统循环中，实现生态的良性循环与农业的可持续发展。

二、循环农业的发展

循环农业经济的概念是在工业化循环经济生产后期被提出的，是循环经济概念向农业产业领域的延伸，其特点与循环经济的低投入、高产出、低排放、高循环的生态式闭合经济圈相一致。由于农业生产的自身特点，循环农业经济又有着与工业循环经济和其他产业领域不同的特点，如产业基础薄弱、制约因素多等。

随着中国建设资源节约型、环境友好型社会，近年来，循环农业经济理论在中国农业生产实践中逐步得到运用与发展，已经形成了多种典型示范模式的循环农业生产方式，如北方地区的"四位一体"农村能源生态模式，南方的猪—沼—果或菜—菇—鱼等"三位一体"复合生态模式，以及农产品加工业的链式生产模式等，已经形成了比较有效的循环农业经济发展模式，在农村确实起到了引导和带动作用，有效规避了"白色农业""石油农业""速效农业"等单一农业经济增长方式，把当前的农业经济结构优化、废弃减排、增进循环、可持续发展等多方面要求进行了整合和扬弃提升。中国农业在国民经济中的基础性地位更加巩固，以及中国农业人口占多数、人均土地资源有限的特点，发展循环农业经济日益得到重视。

循环农业是循环经济的子系统，发展循环农业是国家经济发展战略举措之一。发展循环经济是转变增长方式，实现可持续发展的必然选择，要配套推广先进适用科技和高端农机装备，发展农业循环经济。正确认识、理解发展循环农业的意义，探索循环农业发展的途径和措施，对于贯彻落实习近平生态文明思想，加快农业高质量发展，改善农民生产生活条件，推进乡村振兴，有着十分重要的意义。

循环农业要进一步发展，已成为人们的共识，应着力抓好以下重点环节。

一是要突出"绿色"，调整结构。农业结构的战略性调整已取得明显成效，今后要在优化调整上下功夫，突出发展绿色食品和有机食品的生产，要注意保护水土，节约资源。

二是要保护耕地，提升质量。坚持推广秸秆返田与保护性耕作技术，实现种地与养地有机结合，加强耕地质量工程建设。大力推广生物防治，相关企业要研究、生产低残留农药和可降解塑料薄膜。要推广喷灌、滴灌，杜绝漫灌，发展节水农业。

三是要项目带动，企业参与。农村发展农产品加工或其他工业，要做到防污于未然，做到低排污与达标排放。

四是要发展沼气，有效转化。近年来，各地以户用沼气工程为重点，结合农村改圈、改厕、改厨，大力推广以"猪—沼—菜（粮—果—渔）"等为主要内容的生态模式，实现村庄、庭院废弃物再生利用的良性循环。随着秸秆、畜禽粪便等农业固体废弃物的循环利用，以及测土配方施肥等生态循环生产方式的推广，农产品质量得到提高。实践表明，循环农业和科技、经济与环保可以实现相互支持、良性互动。

五是要优化布局，整体规划。发展循环农业首先要制订发展规划。要在充分调研的基础上，有选择、有重点地分别制订省、设区市、县（市、区）、乡、村等不同层次不同级别的循环农业发展计划，实现有计划、有步骤、有组织地稳步推进。要特别强调根据不同区域和不同层次农牧业的生产现状和实际需求，建立适宜的循环模式，并依照不同模式的特定优势，进行布局配置、结构调整，延长产业链，确保循环农业模式中各流通量与接口间的相互匹配、协调运行，促进循环农业健康、安全、有序生产。

但是，目前我国在农业模式改革发展上还停留在初级阶段，发展规模、发展速度和发展水平还比较低，缺乏标准规范和制度，大大制约了我国农村发展种植业与畜牧业相结合的循环经济水平。标准不健全使得农户在实际操作过程中不规范、不科学，缺乏完善、合理的管理制度，使得生产环节、标准生产、安全生产难以有效保障，规模优势难以发挥，综合效益难以发挥和实现。另外，种植和养殖结构也比较单一，有时会出现过于追求规模而忽视种植业与畜牧业相结合的现象。种植业与畜牧业比例上容易出现严重失衡，失去种养结合意义。农户缺乏对于种养结构系统性、整体性规划，当养殖业比重过大，种植业对畜牧业废弃物消耗有限，会使牲畜的粪便大量堆积，浪费肥料资源，造成严重污染。反之，当种植业比重过大，种植业所需要的有机肥难以及时提供，农业种植又受限于一定时间，于是需要使用大量化肥，进而使得种养结合失去其应有价值和意义。

新的经济发展模式和管理方式的推行需要强大的技术支撑和人员支持，然而，处于初级探索阶段的循环农业发展模式，在技术人才队伍建设、科研投入、技术创新与应用方面仍然有很大不足和欠缺。统计数据显示，2019—2023 年，农业农村部在全国创建生态农业示范基地，农业现代化示范区共培训生态农业技术推广人员 5 万余人次。但我国地域辽阔，目前广大农村地区仍然缺乏专业农业技术推广员，且后备人才储备不足，在实际培训过程中，时效性较短，操作不规范。

废弃物循环处理是一项重要性、关键性工作，处理不当就会使种养结合失去其应有价值和意义。农村应用循环农业经济发展模式时，在废弃物循环处理环节，存在着废弃物处理工作积极性不强、实际利用率低等方面问题。统计数据显示，"十三五"期间，全国有 723 个县整县推进畜禽粪污资源化利用，实现了 585 个畜牧大县全覆盖。2020 年，全国畜禽粪污利用率达到 75%以上，规模养殖场粪污处理设施装备配套率在 95%以上，13.3 万家大型规模养殖场设施装备全部配套到位。截至目前，我国仍然有一大部分县在推进废弃物循环处理工作中不到位。农户废弃物循环利用利益链条不完整，农户进行废弃物循环运营和处理工作积极性不强，内生动力不足，在废弃物综合利用环节，投入与产出的价值效益不高，产品商品化程度低，经济收益小，农户还是会选择传统处理方式。种养结合模式下，生产、经营者的废弃物综合处理积极性不强，废弃物实际利用率低。

三、循环农业的模式

循环农业是运用物质循环再生原理和物质多层次利用技术，实现较少废弃物的生产和提高资源利用效率的农业生产方式。循环农业模式形成生产因素互为条件、互为利用和循环永续的机制以及封闭或半封闭生物链循环系统，整个生产过程做到了废弃物的减量化排放，甚至是零排放和资源再利用，大幅降低农药、兽药、化肥及煤炭等不可再生能源的使用量，从而形成清洁生产、低投入、低消耗、低排放和高效率的生产格局。

循环农业的四种模式，分别是物质再利用模式、减量化模式、资源化模式和生态产业园模式。

1. 物质再利用模式

主要是指，把上一环节的农业废弃物循环利用，作为下一环节的原材料使用。最有代表性的例子就是，将家畜家禽的粪便或者是秸秆收集起来，将畜禽养殖场排泄物、农作物秸秆、农村生活污水等作为沼气基料处理，产生的沼气作为燃料，沼液、沼渣作为有机肥。

2. 减量化模式

提高农药、化肥的使用效率，推广绿色防治病虫害的方法，发展节水农业，精准农业。减少使用化学物质，保护农业生态环境。大力发展滴灌技术，循环利用废水资源。

3. 资源化模式

在不破坏环境的基础上，通过元素的有效配置达到有利关系的最大化。下水道污泥、家禽粪便以及企业的有机废物作为原料投入到发酵设备，产生的甲烷气体用于发电，剩余的半固体废渣进行固液分离，固态成分用于堆肥和干燥，液态成分处理后再次利用或者排放（排放时已基本对环境无害），实现了废物的高度资源化和无害化。

4. 生态产业园模式

以农业资源为基础，以创意为手段，以产业融合为途径，通过农业与文化的融合、产品与艺术的结合、生产与生活的结合，将传统农业升华为旅游业和服务业相结合的新农业模式。生态产业园的模式不仅发展的是农业，而且带动了旅游业和一系列服务行业的兴起。最贴近现实的一个例子就是，山东的立体草莓种植大棚，基础的农业是种植草莓并出售，带动了大棚采摘旅游，在立体草莓种植大棚附近售卖相关的纪念品，提供餐饮、住宿等服务行业。

四、循环农业的特征

生态循环农业的发展设计需要从当地的整体来考虑，协调好当地各种产业之间的关系。生态循环农业系统的构建必须建立在整体生态农业系统功能的视角之下，将农、林、牧、副、渔等看作一个整体，加强农、林、牧、副、渔之间的联系，协调好各种资源的循环利用，调整当地的农业结构，优化生产方式，促进当地农业和其他产业的和谐发展，进而提升农业及相关产业的综合生产能力。我国幅员辽阔，气候差别巨大，每个地方适宜农业发展的条件不同，每个地方发展生态循环农业的模式必然也是不同的。平原地区可以广泛采用以种植业、养殖业和加工业为核心的种养加生态循环模式；丘陵地带可以采用以农业、果树林业和养殖业为核心的立体复合生态循环模式，有效缓解一般丘陵地带水和土地等资源短缺的问题。因地制宜，运用不同地域的差异进行设计，建设具有不同特点的生态循环农业，与当地的实际情况协调适应。

在现代科学技术的推动下，生态循环农业凭借多层次综合利用和物质循环，对当地的资源进行高效利用。同时利用生物、人工补光、传感器等先进技术对农作物进行人工干预，为农作物提供物质和能量，进而大幅度提高农作物的产量。生态循环农业不但可以保证生态农业系统的可持续发展，而且可以在保证农业经济永续发展的前提下，在改善生态环境、维护生态平衡方面发挥重大作用，同时也能够促进生态农业系统的稳定，进而促进农业经济发展。

循环农业重视改善农业生态环境和保护物种的多样性，是农业可持续发展的基础。循环农业利用先进的理论与技术解决农业发展的问题。它的本质是高技术、高效率、低投入的新型农业方式，能够很好地实现社会效益、经济效益与生态效益的统一。按照"资源—产品—废弃物—再生资源"的流程组织农业生产，提升资源的利用率。实现农业的产业化经营，通过改善农业生产技术，让农业生产更加清洁，大大降低对环境的污染。加大与其他产业的合作力度，通过对废弃物的再利用等方式搭建协同发展的农业产业链。

（1）综合性。循环农业以大农业为出发点，将农、林、牧、副、渔各业以及农村的一、二、三产业融合发展，并通过各业之间的相互支持，提高综合生产能力。

（2）多样性。由于我国各地的自然条件、资源基础、经济与社会发展水平的差异，循环农业采用多种生态模式、生态工程和多样化的技术类型来装备农业生产，确保各区域能够在资源优势上扬长避短，同时各产业的发展都与社会需求和当地实际情况相协调。

（3）高效性。循环农业强调物质的循环和能量的多层次综合利用，通过系列化深加工实现经济增值，并将废弃物资源化利用，从而降低农业成本，提高经济效益。

（4）持续性。循环农业能够保护和改善生态环境，防治污染，维护生态平衡，提高农产品的安全性，使得农业和农村经济的常规发展转变为持续发展。

（5）节约化、清洁化、资源化和无害化。循环农业遵循"资源—农产品—农业废弃物—再生资源"的反馈式流程组织农业生产，提高农业资源的利用率，实现资源利用的最大化；在生产过程中注重清洁化，减少农业环境污染；对农业废弃物进行资源化处理，优化农业系统内部结构；并在生产和生活中追求无害化，保护和改善农业生产和农村生活环境。

（6）系统性。循环农业不仅关注单一区域的农业生产，还考虑了不同区域尺度和不同生产层次的整合，形成了具有显著系统性和层次性的综合农业体系。

（7）区域发展和层次性。循环农业的区域发展层次涉及农户、乡村和区域三个层面，而农业生产发展的层次则涵盖农产品生产、农业产业内部以及农业产业间的多个层面。

五、循环农业的功效与作用

实施种养结合，通过大范围使用牲畜粪便，有益活性菌直接作用在土壤物质中，参与能量转换以及腐殖质形成、分解，更好地黏合土壤结构。不但使土壤物理性状发生显著改变，还可在提升土壤锁水、锁肥能力的同时，避免了土壤板结、酸化等现象，从而用最少肥料耕最多土地。实施种养结合，使用有机肥能够减少化肥的使用量，有效降低种植业的种植成本。与此同时，农作物自身秸秆作为养殖业肥料，也有利于节约养殖业的养殖成本。实施种养结合，直接应用牲畜粪便，减少粪便污染，把牲畜粪便转化成有机肥，预防地表地下水资源、土地等小气候污染，控制人畜以及动植物病虫害传播速率。

一般而言，长时间应用有机肥，促进了土壤中有机元素的新陈代谢，腐殖质通过对土壤中重金属污染的去除作用，使环境污染得到明显改观。实施种养结合，在结合农场自身实际情况的基础上，选择适应的农作物、牲畜，同时有时间对其进行科学、规范化经营，使生产迈向蓬勃发展的行列，在市场竞争中全面发挥自身优势。除此之外，根据劳动力实际情况进行合理分配，打破了早前生产模式，能获取更多生产收益。实施种养结合，减少了劳动力的投入，提升了生产效率；同时，正确利用资源，推动了农产品、畜牧业的健康发展，增加了农民收入，提升了农民生活品质。种养结合模式的普及，会形成一套科学、规范的农业生产模式。作为农业企业而言，应以提升生产管理人员工作水准为前提，通过管理人员综合分析实际情况并采取有效措施，告知农民扩大生产规模的重要性，在获取生产收益的同时，推动农业经济按部就班进行，并可实现农业生产成本的降低。

（1）减少流通成本。种植业和养殖业生产过程中所产生的废料可以相互借力。例如，种植业添加牧草种植的环节，可以用于畜牧业所用，也可为其提供场所，降低了一定的成本，而牲畜所排泄的粪便，经过较大型的沼气发酵与转化，可以转换成利于种植业的天然肥料，没有化学残留。

（2）节省人力成本。将粪便集中式封闭进行沼气生产，这一过程不需要耗费大量的人力资源，而且是以液体与气体进行转换，只需要有一定管道的设定即可，相关技术搭配运行，即能达到节省人力的目的。

（3）降低农资投入。上述已经将畜禽排泄物与沼气的转化做了详细说明，当这一有机转化技术实现后，将会大大减少化学成本，而且避免了化学肥料与农药对环境造成的严重破坏，对土地资源也是一种保护与滋养，能够得到养分更加充足的土地，更利于耕种收成。

（4）抵消环境破坏。循环农业的生产模式，能够将两种生产模式所带来的对环境的负面影响降到最低，因进行了畜禽排泄物与沼气的转化，将废料的利用度达到了最高，并且能够使种植业获得最大受益。一是能够减少有害气体产生，避免危害大气环境，将其转化为有利于农田的肥料成分，并能滋养土地，获得双重利益；二是污水排量的减少避免了对自然水体的破坏；三是包含了其他的生产残留物对土地资源与大气资源的影响。运用循环农业的模式，能够减少30%~40%的化学肥料，更有利于农业的可持续发展。

（5）提高资源利用效率。在农业资源投入、生产、产品消费及其废弃的全过程中，把传统的依赖农业资源消耗的线性增长的经济体系，转变为依靠生态型农业资源循环发展的经济体系，通过"废弃物—资源"对接的方式将不同的农业生产环节组成一个物资能量回流环，以达到资源多次利用和减量化，提高农业资源的利用率，实现资源利用的最大化。

（6）推动农业可持续发展。中国是一个发展中国家，农业问题是战略问题，发展循环型农业生态系统是解决农业问题的现实可行途径，进而也是解决农村发展、农业增效、农民增收问题的根本出路。落后的经济发展模式会导致不良的经济后果，发展循环农业不仅可以实现农业生态系统内部的循环，还可以把农业与其他产业进行有机结合，推动各领域产业共生、要素耦合、整体循环、综合利用和产业生态链的形成，进而使整个社会物质和能量实现循环流动，成为可持续发展战略的载体。

六、大力扶持绿色生态循环农业产业化发展

1. 强化绿色生态循环发展顶层设计

发展生态循环农业是农业绿色发展的必然要求。党中央、国务院高

度重视农业绿色发展。2017年,中共中央办公厅、国务院办公厅印发了《关于创新体制机制推进农业绿色发展的意见》,指出要制定农业循环低碳生产制度、农业资源环境管控制度和完善农业生态补贴制度,为农业绿色生态转型构建了制度框架。近年来,农业农村部会同国家发展改革委、财政部、生态环境部等部门,深入贯彻落实习近平生态文明思想,坚持新发展理念,科学认识和推进农业绿色发展。2017年,农业部印发了《种养结合循环农业示范工程建设规划(2017—2020年)》,支持整县打造种养生态循环产业链。2021年3月,国家发展改革委会同农业农村部等九部门印发《关于"十四五"大宗固体废弃物综合利用的指导意见》,推动农作物秸秆、畜禽粪污等大宗固体废弃物综合利用,持续推进秸秆肥料化、饲料化、基料化、燃料化、原料化利用。2021年7月,农业农村部会同国家发展改革委、国家林业和草原局研究制定了《农业循环经济行动计划》,将农业资源利用效率提升、清洁低碳生产、废弃物循环利用、立体综合种养等作为主要举措,完善循环型农业产业链条,持续推进农业绿色低碳循环发展。党的二十大报告指出,"推动经济社会发展绿色化、低碳化是实现高质量发展的关键环节。"2021年农业农村部会同国家发展改革委等六部委联合印发《"十四五"全国农业绿色发展规划》。2024年中央一号文件指出,"坚持产业兴农、质量兴农、绿色兴农""把农业建成现代化大产业"。深入研究、正确处理好农业绿色发展与农村经营体制改革的关系是深化农村改革的重要内容,对促进农业高质量发展、推进乡村全面振兴、加快建设农业强国具有重要意义。

2. 强化绿色生态循环农业产业化体系建设

近年来,农业农村部会同相关部门加强政策指导、加大支持力度,着力从主体培育、科技支撑、产业构建、资源开发入手,推进绿色生态循环农业产业化发展。

一是培育生态经营主体。统计数据显示,2019—2023年,农业农村部在全国创建生态农业示范基地，农业现代化示范区共培训生态农业技术推广人员5万余人次，培训生态农业主体700余家，凝练出六大区域生态循环农业建设模式，壮大了一批以生态农业为主导的家庭农场、农民合作社和农业产业化龙头企业。

二是强化绿色科技支撑。农业农村部不断优化农业科技资源布局，加强农业绿色发展基础研究，推动成立畜禽养殖废弃物、化肥减量增效、乡村环境治理等科技创新联盟，深化产学研企联合攻关，着力解决绿色生态发展技术瓶颈问题。印发《农业绿色发展技术导则（2018—2030年）》，发布重大引领性农业绿色环保技术，遴选推介100项优质安全、节本高效、生态友好的主推技术，着力构建支撑农业绿色发展的技术体系。

三是加强产业生态建设。农业农村部会同国家发展改革委、科技部等七部门，评估确定了300个国家农业可持续发展示范区（农业绿色发展先行区）。

四是开发绿色生态资源。农业农村部积极引导各地顺应消费结构升级新需求，充分挖掘乡村生态涵养、健康养生等方面的功能和资源，形成"农业+"多业态发展态势。通过实施乡村休闲旅游精品工程，推介中国美丽休闲乡村和中国美丽乡村休闲旅游精品景点线路等，挖掘各地绿色生态发展的典型经验，示范带动各地发展现代绿色生态农业。截至2023年底，全国累计推介中国美丽休闲乡村1 982个。

3. 加大对绿色生态循环农业产业化发展的支持力度

农业农村部会同相关部门，加大政策扶持力度，强化绿色引领，大力发展乡村产业，促进乡村产业振兴。

一是支持优势生态产业发展。农业农村部会同财政部立足区域优势资源，支持建设优势特色产业集群、国家现代农业产业园和农业产业强镇，建设标准化绿色原料基地，推进绿色质量标准体系构建，打造了一批在全国乃至全球有影响力的绿色生态乡村产业发展集群，对周边生态产业发展起到示范引领作用。

二是支持规模生态循环种植区高标准农田建设。2021年、2022年每年建成高标准农田面积超过1亿亩（1亩≈667米^2，全书同），到2022年底，我国已累计建成10亿亩高标准农田。2003年起，农业农村部进一步强化顶层设计，加快编制永久基本农田全部建成高标准农田实施方案，同步推进新建4 500万亩、改造提升3 500万亩年度建设任务落地。支持地方开展高标准农田和农田水利建设，主要用于土地平整、土壤改良、灌溉排水与节水设施、田间机耕道、农田防护与生态环境保持、农田输配电等建设内容。

三是支持畜禽粪污资源化利用。农业农村部会同有关部门加强政策支持、技术指导，"十三五"期间累计支持723个县整县推进畜禽粪污资源化利用，实现了585个畜牧大县全覆盖。会同生态环境部印发《关于进一步明确畜禽粪污还田利用要求 强化养殖污染监管的通知》，明确畜禽粪污根据不同排放去向或利用方式应执行的标准规范，鼓励养殖场户采取粪肥还田、制取沼气等方式持续推进畜禽粪污资源化利用。2023年全国畜禽粪污综合利用率达78.3%，规模养殖场粪污处理设施装备配套率达到95%以上，大型规模养殖场设施装备全部配套到位，有力推动了绿色生态循环农业发展。

第三节　循环农业原理

一、循环农业的基本原则

"3R"原则是发展农业循环经济应遵守的基本原则，它指的是减量化原则、再利用原则和再循环原则。

减量化原则是农业循环经济要坚持的第一原则，以资源投入量最小化为目标。季昆森等学者将减量化视为"九节一减"：节地、节水、节种、节肥、节药、节电、节油、节煤（柴）、节粮、减人，全面运用于整个农业生产的过程。

再利用原则是以资源利用最大化为目标。通过资源的多次利用、循环使用，使其利用率达到最大化。农村有机废弃物主要包括农作物秸秆、畜禽粪便、生活有机垃圾及农产品加工的残余物质等。将废弃物进行无害化处理、资源化综合利用是循环农业发展的核心技术，对解决农村环境污染问题也具有重要意义。

再循环原则强调生产终端废弃物的循环利用，指生产或消费产生的废弃物无害化、资源化、生态化。再循环原则就是对农业生产环节产生的各种废弃物进行重复利用，循环使用。

另外，发展农业循环经济还要坚持因地制宜原则，整体性协调原则，生物共存互利原则，相生相克、趋利避害原则，最大绿色覆盖原则，最小土壤流失原则，土地资源用养保结合原则，资源合理流动与最佳配置原则，经济结构合理化原则，生态产业链接原则，社会经济效益与生态环境效益双赢原则和综合治理原则等。

二、循环农业的发展原理

农业的可持续发展正是要达到人与自然、自然环境与社会之间的非对抗性的和谐关系。循环农业实质就是谋求农业生态系统中各要素之间、系统与外部环境之间的有序化与整体的持续运作，建设一个资源合理利用的现代农业过程。循环农业，本质上是可持续农业和生态农业的延伸，是一种以生态系统为基础的农业生产方式，其发展的主旨是减少农业作业对环境的影响，提升生产效率、保护生态环境；同时，发展循环农业还要兼顾农业生产的短期和长期效益。因此，循环农业发展要始终坚持以尊重农业生态系统、最大限度减少化学物质的使用、鼓励多样化种植、节约外部资源投入等关键环节。当然，除了一些技术上需要遵循的原则，在其发展的基本理论中，也存在一些需要关注的问题和需要融入的理论。

1. 能量耗散低熵原理

热力学第一定律是能量守恒与转换定律，但是它并未涉及能量转换的过程能否自发地进行以及可进行到何种程度。热力学第二定律是判断自发过程进行的方向和限度的定律，它有不同的表述方法：热量不可能自发地从低温物体传到高温物体；热量不可能从低温物体传到高温物体而不引起其他变化；不可能从单一热源取出热量使之全部转化为功而不发生其他变化；第二类永动机是不可能造成的。热力学第二定律是人类经验的总结，它不能从其他更普遍的定律推导出来，但是迄今为止没有一个实验事实与之相违背，它是基本的自然法则之一。

具体到农业生产中，因为农业是开放系统，其功能由热力学第二定律决定，只有通过外界能量的投入，才能降低系统熵值，提高系统的功能。因此，合理投入是人类对农业系统加强控制的关键途径，不能将循环农业理解为低投入甚至不投入的农业。那种认为只要依靠循环就可以实现耗散系统平衡的认识是非科学的。但是，有一点可以确认，在传统经济学手段无法解决环境污染的情况下，循环经济以资源化、减量化、再利用为原则，从根本上减少对传统能源的依赖，减轻环境污染的压力，实现物质和能量最大限度的循环利用，是解决环境、资源、生态危机的根本之道。尤其在当今人口持续增长、资源短缺、环境污染的严峻背景下，就是要以最小的成本获得最大的经济效益和环境效益，即在经济发展过程中，解决经济增长与注重自然环境要素投入和生态环境保护的矛盾。

2. 资源循环再生原理

农业系统是一种在自然生态系统基础上的人工生态系统，其资源类型可以分为四种类型。一是光、热、水等自然资源，需要周年高效循环利用；二是化肥、农药、机械等系统外购买性资源，需要尽量减少不合理投入并提高效率；三是秸秆、粪便等农业生产中间废弃资源，需要再生利用；四是农业系统排放到大气和地下的有害物质和温室气体等，需要实现可预见、可控制，减少无效排放。传统工业化农业大量依赖于使用农药、化肥、抗生素等人工制剂的投入，破坏了土壤结构和微生物平衡，导致土壤养分侵蚀和流失，降低了土壤保水能力和生产力。另外，传统工业化农业造成的气体排放，加剧了全球变暖和极端气候事件的发生。为了应对这些挑战，一些先驱者开始思考一种更符合自然规律和循环的农业方式，基于此，资源循环再生的力量开始在农业生产中愈发得到重视。通过农业系统内循环和系统外反馈循环相结合，提高能量转化率和物质循环利用率。

为更好地将资源再生原理融入循环农业系统中，国内外都进行了许多相应的技术和政策支持。比如，美国提出增加对生物基产品的支持，增加了对资源保护项目的投入，增加了对可再生能源和生物经济领域的关注。并且，美国还充分整合资源循环再生原理相关技术理念提出了再生农业，成立了一个"再生有机认证"项目，由再生有机联盟发起旨在促进有机农业向再生农业的转型，提高土壤、动物福利、社会公平和气候变化适应能力的标准。美国也有一些非政府组织和基金会，如再生国际（RI）、碳地下（TU）、再生农业基金会（RAF）等，致力于推广和支持再生农业的理念和实践。

3. 物质组链加环原理

在农业系统中，物质沿着不同环节上的食物链营养级传递和转移，利用不同营养级的动物和微生物，分级、分次反复循环和利用，使上一级循环转移到下一级的物质，再次转化为能够为人们直接利用的生物产品和生物质能。因此，通过食物链加环、组链，减少非生产循环，增强生产循环，提高物质循环周转率，能生产出更多的产品，减少废弃物排放。

4. 生物相互作用原理

农业系统中拥有植物、动物、微生物等多种生物。生物与生物之间具有互利互惠、原始合作、竞争干涉、捕食、寄生等多种生态作用。首先是食物链和食物网。食物链描述了食物之间的关系，一般分为植物、食草动物、食肉动物等不同层次。但是现实中，食物链很少是一条直线，更多的是呈现出网状的食物网，因为每种生物都可能同时有多个食物来源。其次是共生关系。这是一种"双赢"的关系，不同种的生物之间互相利用，使得它们都能够获得生存所需的物质和能量。比如，蜜蜂采集花粉，不仅能获得食物，还会为植物传播花粉，帮助它们繁衍生息。接下来是竞争关系。在生态系统中，每个生物都需要争夺生存所需的资源，如食物、水源、栖息地等。当生态系统中某种资源变得稀缺时，就会引发竞争。这种竞争关系可能导致一种物种的数量增加，另一种物种的数量减少。最后是捕食者和被捕食者关系。这是一个基本的生物关系，所有生物都需要获取能量和物质才能生存，而捕食者和被捕食者之间就形成了这样的关系。捕食者需要捕食猎物来获取能量和物质，而猎物则需要躲避捕食者以保护自己。但是这种关系是动态平衡的，如果捕食者数量太多，猎物就会减少，导致捕食者数量减少，反之亦然。

总之，生态系统中的生物相互作用非常复杂，但是它们是相互关联的，一种生物的变化会影响整个生态系统的平衡。循环农业实质就是谋求农业生态系统中各要素之间、系统与外部环境之间的有序化与整体的持续运作，建设一个资源合理利用的现代农业过程。具体而言，发展循环农业产业体系，就要充分利用这种复杂的生态作用，合理配置生物的生态位，利用生物之间自身的相互作用，设计资源利用最大立体种植、生物固氮、生物防治、生物干预等生态化技术，实现循环农业的目标。需要重视环保意识，减少浪费，节约能源，推广绿色出行等。此外，需要加强环境监管和治理，禁止乱砍滥伐，加大环保法规的执行力度。最后，要积极推广可持续发展理念，促进生态经济建设，建立可持续利用和保护自然资源的制度，以更好地维持自然界一种生物互惠互利的生存环境，对循环农业的开展有重要意义。

5. 生态经济协调原理

某种程度上，可再生资源和不可再生资源可以相互替代，即资源存在"替代效应"。从资源经济学的角度来看，如果一种资源作为投入在生产上是必需的，而这种资源是不可再生的，则生产和消费将不可能无限维持下去。在生态极限范围内，可以通过投入较少的不可再生资源、技术进步和可再生资源的利用等使规模经济曲线获得相同的经济效果，不仅实现可持续的经济发展，且能保证自然生态系统的可持续性。

生态经济学主要探讨的是生态系统和经济系统相互作用的关系，以及社会经济系统对生态系统的影响所形成的生态经济系统。在生态学中认为，经济体系是生态系统共生的子系统，经济系统和生态系统是包含与被包含关系，由此推导出经济增长是以生态极限为基础的，即存在最大规模和生态门槛问题，同时，经济增长的物质扩张有生态的成本，存在最佳规模和福利门槛问题。生态经济学的核心问题是探究生态与经济的平衡。

生态经济学理论最早由美国经济学家肯尼斯·博尔丁正式提出，他认为在生态经济系统中，"增长型"的经济系统对自然资源需求的无限性和"稳定型"的生态系统的资源供给的有限性之间存在着必然矛盾。伴随人类经济活动范围和强度的不断加大，要实现经济持续增长的可能性，生态平衡与生态阈限原理是发展循环经济必须遵循的基本生态规律。杨文进等将生态经济学视为用生态学角度来看待人类经济活动的特殊经济学，生态经济效益的表述即生态经济效益（EEE）= 净精神收益/自然资本服务损失，分子是基于人的主观感受，代表的是一种生态经济伦理观。人类、资源、环境之间之所以会产生矛盾，本质原因就是自然生态系统中各要素成分之间的关系失调。循环农业运用新的价值观、生产观将对人类复合生态系统破坏的结构和功能进行重新耦合，实现生态系统的物质循环和再生利用。

第二章
绿色种养循环农业概述

第一节　绿色种养循环农业的概念和背景

一、绿色种养循环的概念

绿色种养循环是一种环境友好型的农耕技术，它的核心是将农作物和畜牧业的生产过程纳入一个完整的循环系统中，以实现农业的有效发展。绿色种养循环是农业绿色发展的有效措施，比如畜禽粪便经过干湿分离、无害化处理之后产生的沼液、沼渣做成有机肥返还大田，用于有机果蔬种植，沼气并网发电，形成绿色环保的循环农业，这种将种植业、畜牧业、渔业等与加工业有机联系的综合经营方式，既减少污染、保护环境，又降低生产成本，提高产品质量，是绿色农业生产新方式。绿色种养循环是降低农业生产成本的重要举措，通过粪肥还田再利用，减少化肥施用量，降低农业生产成本，提高农民的种植收益和农民的种植积极性，助力乡村振兴。

总体看来，绿色种养循环是种植业和养殖业紧密衔接的生态循环农业模式，主要通过相关技术将种植或养殖废弃物等资源化，使物质和能量在动植物之间进行转换，注重资源的高效循环利用，形成较稳定的绿色农业循环系统。

二、种养循环农业模式

作为一种新型农业发展模式，种养循环农业发展模式相比常规农业发展模式，显示出巨大的发展潜力。根据我国农村的特征和现状，运用循环经济理论与方法，结合传统农业中具有循环理念的技术和措施，可以概括出农户小循环经济模式、村庄中循环经济模式、乡镇大循环经济模式三种不同规模的农业循环经济发展模式。

1. 农户小循环经济模式

农户作为农村生产建设的基本单位,是相对独立的经济单元和生产单位,因而农户循环经济模式适用于广大农村的千家万户。目前,我国传统农业正向生态农业转变,畜牧业也开始由传统畜牧业向生态畜牧业转变,规模化和产业化不断加强,但是目前的主体仍然是小规模分散化的农户经营体,农户循环经济模式对于节约农户资源、能源消费,实现农村废弃物的高效利用具有重要的现实意义。

在这种循环模式中,通过构建农户种植→养殖→农户生活的循环链,形成有机的物质能量循环系统,使得单个农户的农业生产过程(田间→农产品生产→农产品消费→农业再生资源→田间)呈现闭合循环状态,以减少废弃物排放,提升资源利用率,提高经济效益,改善居住环境和卫生条件。农户小循环经济模式具体包括以下五种类型。

(1)"四位一体"生态农业模式。"四位一体"生态农业模式(图2-1),即在塑料大棚内建造沼气池,养猪,猪粪尿入池发酵产生沼气,沼气可用作照明、炊事、取暖等,沼液、沼渣用作猪饲料添加剂或者蔬菜的有机肥料,而猪的呼吸、有机物发酵和沼气燃烧还可以为蔬菜提供二氧化碳气肥,促进光合作用。整个系统由沼气池、猪舍、厕所和日光温室组成,故名"四位一体"。该模式以沼气为纽带,种植、养殖相结合,通过生物转换技术,在农户土地全封闭的状态下,将日光温室、畜(禽)舍、厕所、沼气池联结在一起组成综合利用体系,实现产肥与产气同步,种植、养殖并举,建立一个生态种群较多、生物链联结健全,物流、能流较快循环的能源生态系统工程,成为促进农村经济发展、提高人民生活质量、改善生产生活环境的重要发展措施。"四位一体"生态农业模式是主要适合于我国北方地区推广应用的循环农业发展模式。

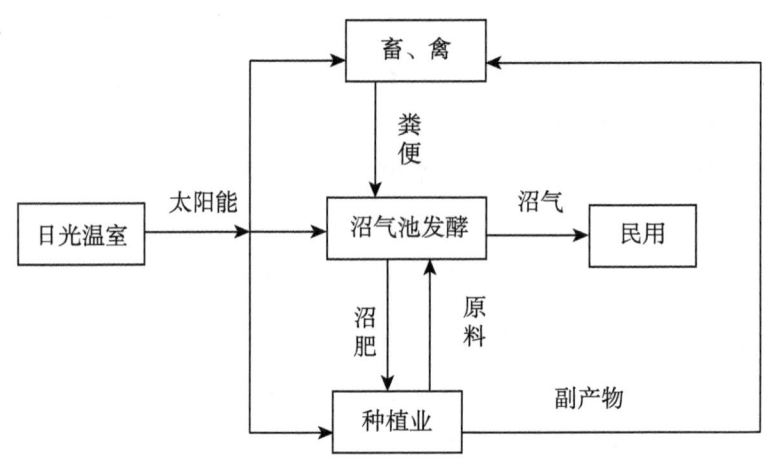

图 2-1 "四位一体"生态农业模式流程

（2）"猪—沼—果"农业模式。该模式以农户为基本单元，以沼气为纽带，根据经济学、生态学和系统工程学原理，通过生物能转换技术，把沼气池、猪舍、厕所、微水池、果园有机整合，形成科学合理的具有现代化特色的农村能源综合利用体系。其主要形式是"户建一口沼气池，人均年出栏两头猪，人均种好一亩果"，即利用废弃农作物秸秆作为饲料喂猪，猪粪尿进入沼气池发酵，产生的沼气可作为生活能源，沼渣、沼液用作农作物的肥料，生产沼气剩余的粪便可直接堆肥作为有机肥料，以此形成养猪农户的良性循环系统。不仅可以使猪提前出栏，而且能够节省饲料20%，大大降低饲养成本，激发农民养猪的积极性；施用沼肥的果树，如脐橙，要比未施肥的果树年生长量高0.2米以上，多长约510个枝梢，产出的水果品质也提高1~2个等级；每个气池还可以节约砍柴工150个。该循环农业模式建设内容概括为"三建三改"（表2-1），即每个农户建一个沼气池，建一个微水池，建一个标准化果园和改造厨房，改造猪舍，改造厕所。"猪—沼—果"循环经济模式将沼气建设与庭院经济、生态环境保护相结合，是适合我国南方循环农业发展的典型模式。

表 2-1 "猪—沼—果"生态农业模式标准建设内容

建设项目		建设内容
三建	建设沼气池	1. 池型为点盖式圆筒形沼气池，结构采用混凝土整体浇筑，容积设计为 8 米^3 2. 厕所、猪圈、沼气池"三结合"，实现自动进料，厕、圈、厨功能独立，位置相对分离 3. 安装提料器，实现半自动出料
	建设微水池	1. 容积设计大于 100 米^3 2. 微水池通过 PVC 管道与果园连通 3. 在水池入水口修建沉沙池，周边配建护栏
	建设果园	1. 果园建设尽可能靠近沼气池，面积大于 1.5 亩 2. 用水泵或滴灌装置将沼肥输送到果园实行自动喷灌 3. 种植优良蔬果品种
三改	改造猪舍	1. 猪舍层高 2.8 米，面积 20 米^2 2. 圈栏用预制混凝土或者 12 厘米砖砌筑 3. 舍内地面水泥硬化或铺设石板，并向沼气池进料口方向倾斜 5% 4. 圈舍开设采光和通风窗，安装自动饮水器
	改造厕所	1. 改建水冲式厕所，安装陶瓷便器，实现无蛆、无蝇的卫生要求 2. 厕所内墙面用水泥抹面，砌贴高于 1.8 米的瓷砖墙裙 3. 厕所有门，相对独立
	改造厨房	1. 修建节煤炉灶，厨房内的炉灶、碗柜、水池整洁卫生 2. 修建与节煤灶连为一体的沼气台 3. 厨房内墙面用砂灰抹面，砌贴高于 1.5 米的瓷砖墙裙 4. 铺设水泥地面

（3）"五配套"农业模式。"五配套"即沼气池、果园、暖圈、蓄水窖和看护房组成，实行人厕、猪圈、沼气"三结合"，圈下建沼气池，池上搞养殖，除养猪外，圈上还放笼养鸡，形成鸡粪养猪、猪粪池生产沼气的立体养殖和多种经营系统。该模式系统以一个面积为 5 亩的成龄果园作为基本生产单元，在果园配套建一个 8~10 米^3 的沼气池，一个 10~20 米^2 的猪舍或鸡舍（养 4~6 头猪，20~40 只鸡），配套建设简易暖圈和一口 20~40 米^3 的水窖。其关键技术是干旱地区农业复合生态经济系统工程设计，接口技术是沼气工程技术，配套技术包括阳光圈舍技术、贮水与节水技术及沼液沼渣利用技术。"五配套"模式以农户

土地资源为基础，以新型沼气池为纽带，形成以农带牧、以牧促沼、以沼促果、果牧结合的配套发展和良性循环系统，适合在我国西北干旱缺水地区大力推广。

（4）基塘生态农业模式。基塘生态农业模式是根据生态系统内能量流动和物质循环规律而设计的良性循环的生态农业系统，实际上是一种复合型人工生态结构。基塘生态农业模式将陆地生态系统与淡水生态系统有机结合，组成一种高效益、低消耗的科学人工体系。在该体系中，某生产环节的产出（包括物质和能量）是另一生产环节的投入，使得体系内的各种废弃物在生产过程中得到循环利用和多层分级利用，大大提高资源利用率和能量转换率，有效防止废弃物对农村环境的污染。按照基面上种植植物的不同，基塘模式分为桑基鱼塘、果基鱼塘、花基鱼塘、蔗基鱼塘及杂基鱼塘等多种形式。

桑基鱼塘模式是一种适宜珠江三角洲一带发展的独具地方特色的农业生产形式。优点是把蚕粪喂鱼，塘泥肥桑，种桑、养蚕、养鱼三者有机结合，形成桑、蚕、鱼、泥相互促进、相互依存的良性循环，避免了洼地水涝的弊端，营造合理的生态环境获取理想的经济效益，同时减少环境污染。

（5）"立体种养"农业模式。"立体种养"农业模式是指在一定空间内把养殖动物与种植植物按一定方式配置在一起的生产结构，使处于不同生态位置的生物种群在系统中互惠互利、相辅相成，充分发挥空间结构的综合生产能力，建立一个时间上多序列、空间上多层次的产业结构。在这种结构中，生物种群之间以相克利弊或者共生互利的关系联系在一起，形成一种简单的食物链。

"稻—萍—鱼"模式是典型的"立体种养"模式，即在同一块田地里种稻。养鱼、繁萍，充分利用土、水、肥、热、气等自然资源。其具体做法为：大小行栽种水稻，在大行内挖沟养鱼，水面养萍；或者起垄栽培水稻，湿润垄面养萍，沟养鱼，以此形成一种立体空间的结构形式。"林—草—牧—沼—菌"模式也是常见的"立体种养"模式，具体做法为：空地造林；在林下种草；通过青贮和氨化，用牧草和作物秸秆养牛；用牛粪尿来制沼气，沼气可用作能源来做饭照明，还可给牛棚供暖，沼液和沼渣可用作肥料；牛粪秸秆可用来种蘑菇。这种模式利用生物种群之间不同的空间生态位和营养生态位，实现农业的可持续发展。

2. 村庄中循环经济模式

村庄中循环经济模式是基于农户小循环经济发展模式，结合农村环境治理，由村镇集中收集农户生活污水，送至村镇生活污水处理厂处理后进入农田灌溉体系；统一收集农户生活垃圾中暂时无法堆肥使用的少量垃圾，送进卫生填埋场进行无害化处理；同时效仿自然生态系统，将能源和资源在农户与农户之间、种植户与养殖户之间循环使用，上家的废料转化为下家的原料和动力，将各种资源进行最大限度地有效利用，做到共享资源，共同发展。该模式是以"农户+村落"二级作为实施主体的农业和农村循环经济，可以处理外来养殖业产生的大量废弃物，生产高效环保的有机肥料。实践证明，这种高效有机肥的应用，能够大幅减少化肥和农药的投入，所产农产品与常规施肥的农产品相比，农药残留较低，农产品质量安全得到保障。村庄中循环经济模式可分为以清洁能源为纽带的综合利用模式和以循环利用农业废弃物为主的节本增效模式。

（1）以清洁能源为纽带的综合利用模式。这种模式是以土地为基础，以沼气为纽带的生产良性循环系统（图2-2）。人畜粪便经过沼气池发酵以后，制成的沼气、沼液、沼渣可以应用于农业生产良性循环，达到系统内部生态位的充实和资源的充分开发利用，以增强农业生态系统的稳固。这种综合利用模式的优点是净化环境，减少投资、减少病虫害，增产、增收、增效，即"一净、二少、三增"。

（2）以循环利用农业废弃物为主的节本增效模式。农业废弃物可

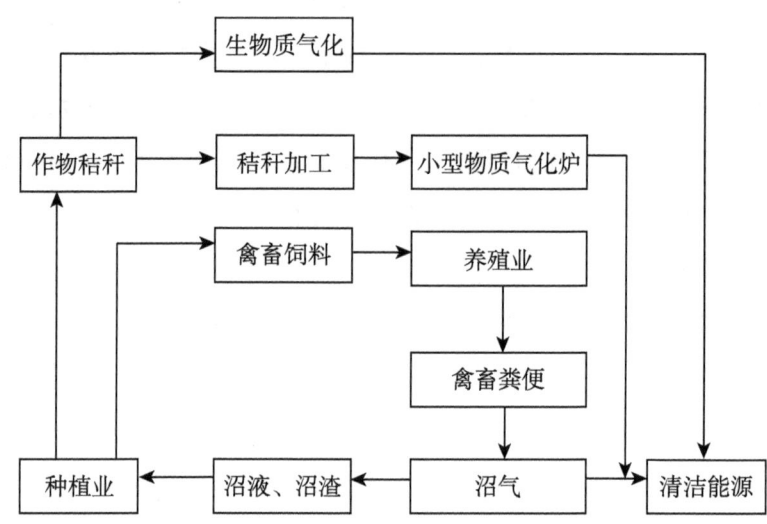

图 2-2 以清洁能源为纽带的村庄循环经济模式

分为有机废弃物和无机废弃物，其中数量较大的为有机废弃物，如禽畜粪便、农作物秸秆和谷壳、蔬菜及瓜果的副产品、藤蔓等，由于其含有丰富的氮、磷、钾等营养成分，是优质有机肥料和饲料的主要来源，可以用于农业循环综合利用。以作物秸秆为例，随着农业生产的发展，化肥、农药、石油等原料投入不断增加，部分地区作物秸秆的传统利用方式已经转变为堆积在田间地头，甚至作为废弃物付之一炬，这不但浪费自然资源，而且污染环境、妨碍交通，在有些地区甚至会引起火灾等严重后果。现阶段，我国在饲料、能源和肥料三方面分别开展秸秆的开发利用，以提高农业资源的利用效率。一是发展秸秆饲料，这实际上是依托畜牧业发展农村循环经济，主要方法是秸秆青贮、秸秆氨化盐化、秸秆机械加工以及发展全混合饲料，既可以有效提高畜产品产量和质量，又能降低劳动力和饲料成本，大大提高养殖效益。二是发展秸秆沼气，利用农作物秸秆直接制备沼气，或是利用秸秆饲喂禽畜再利用禽畜粪便制备沼气，这在一定程度上缓解了农村地区的能源紧张现状。三是发展秸秆建材，秸秆经过深加工或是工艺处理，可以制成质轻、美观的各种建筑用材，在许多方面替代木材，减少木材消耗。

3. 乡镇大循环经济模式

农业系统实际上是生态、经济、技术系统的耦合，可以概括为植物生产、动物转化、微生物循环与系列加工增值。乡镇大循环经济模式又称为区域循环经济模式，是从发展循环经济的角度出发，根据布局优化和区域分工优化的原则，建立和完善整个区域的产业共生机制和生态整合机制，实现全区域社会经济发展和生态环境维护的动态平衡。就整个农村经济而言，可以农业生产为基础，不断拓宽和拉伸产业链条，把在投入、产出方面互补的企业安排在一起，建立高效的废物再利用与物质能量循环工程。同时以区域资源优势为导向，依据分工原则，以主导产业及特色农产品为中心，贯通一、二、三产业之间的连接，大力实施以生态农业为主线的区域循环经济发展模式。

基于循环经济的农业发展就是把循环经济理念应用于农业具体实践，根据当地具体的资源禀赋进行资源整合和统筹协调，构建各产业与各部门之间的耦合体系，以达到农业生态系统的有序化和整体性持续运作。比如，家禽粪便、农作物秸秆经过处理后可用作家畜的饲料；家禽粪便一方面与作物秸秆直接堆肥用作林果业和种植业的肥料，另一方面进入沼气池发酵处理，产生的沼气用作生活能源，沼液用于鱼塘养鱼，沼渣可饲养蚯蚓或作为农作物的肥料；农林牧渔业产品直接销往市场，并从市场购买环保饲料与化肥农药等；市场向农产品加工业提供能源和原料，而农产品加工业的产品又销往市场。于是形成了农、林、牧、渔业相联系，一、二、三产业相结合的区域大循环经济系统。这可以在长期不对环境造成明显改变下具有最大的生产力，最大限度地降低单位产出的农业资源消耗和环境代价，实现农业经济活动的生态化。

（1）乡镇大循环经济模式下农业和工业之间的循环。这种循环包括两种形式：一是从农业到工业的产业生态链连接。比如辽宁省营口经济技术开发区生态工业园区建设，就是以苹果加工为核心，分步骤来建设和完善苹果种植园、苹果汁、饲料加工及养猪、粪便和污水处理5个体系，实现废水的零排放及废弃物资源化。二是从工业到农业的产业多级生态链连接，比如斐济的一个产业间生态连接生产模式，就是把啤酒厂和农业耕作进行有效的产业连接。

（2）乡镇大循环经济模式下农业与第三产业的循环。第三产业发展迅速，是国民经济的重要组成部分，第三产业涉及农产品贸易、房地产、金融、餐饮、旅游、文化、教育等众多服务性行业，农业与第三产业之间的循环就是在其中建立相互渗透的良性互动机制。

近年来全国各地兴起的观光农业就是将生态旅游业与生态农业结合起来的具有区域特色的循环经济典范。循环型生态观光农业将循环经济的发展理念贯穿到观光农业的发展中，最大限度地减少废弃物排放，使农业观光资源得到最有效的利用，推动观光生态环境步入良性循环的新型观光农业发展模式。其结合农业产业化发展与旅游资源的开发，将农业发展成为旅游景点的有机组成部分，充分利用各地原有的农业产业资源和农村民俗文化资源，不但减少了传统旅游资源开发对资源的消耗和生态环境的破坏，而且挖掘了当地资源，调整并优化了农业产业结构，扩大了农业生产经营范围，实现了农业和旅游业之间产业链的有益延伸。

三、绿色种养循环农业的发展背景

循环经济是20世纪90年代后期发达国家针对工业化进程中出现的资源与环境问题，探索和建立的一种新的经济发展模式。它是环境经济学、生态经济学和资源经济学相互融合、共同演进的结果，是将生态环境要素内生于经济增长之中的新理念，代表了现代经济发展的新趋势。党中央、国务院十分重视发展循环经济，推进经济增长方式转变。2021

年7月，农业农村部会同国家发展改革委、国家林业和草原局研究制定了《农业循环经济行动计划》。2024年中央一号文件指出，"坚持产业兴农、质量兴农、绿色兴农""把农业建成现代化大产业"。农业作为国民经济的基础产业，面临的资源约束和环境问题日益突出，严重制约了农业和农村经济的可持续发展，并影响着全面小康社会的建设进程。研究和运用循环经济理念指导农业生产，创新发展模式，转变增长方式，实现人与自然的和谐共处，是当前一项重要而紧迫的任务，发展循环农业也是我国农业发展的必然选择。

——发展绿色循环农业是缓解国民经济发展资源压力的迫切需要。2023年全国能源消费总量约为57.2亿吨标准煤，且"十四五"前半段，中国在降低能源消耗强度、碳排放强度等指标上的进展落后于预期。

国民经济发展的资源压力越来越大。近年来，随着工业和城镇化的不断推进，工农业争地、争水、争电、争煤、争油等资源供给矛盾日益突出，由于农村生态环境污染和破坏引起的农民健康问题也使国民经济发展背上了沉重的医疗负担。目前，全国农村生活用能总量约为3.5亿吨标准煤。农业用水量占全国用水总量的60%以上。工矿、道路、城镇住宅等建设用地每年以40多万公顷的速度增加，2021年全国农用化肥施用量5 191万吨（折纯）。在总体战略方面，要以经济社会发展全面绿色转型为引领，强化减污降碳协同增效，加快推动产业结构转型升级；在保障国家有效需求的前提下，从严从紧控制"两高"行业新上项目；大力优化能源结构，严控化石能源消费总量；加大运输结构调整力度。

发展农业循环经济，调整和优化农业生态经济系统内部结构，促进农业系统物质能量的多级循环利用，最大限度地提高农业资源利用率，改善农业和农村生态环境，将有效地缓解国民经济发展的资源压力，拓展资源空间，使我国又快又好地实现向经济强国转变。

——发展绿色循环农业是建设社会主义新农村的重要抓手。改革开放以来，城乡居民的生活水平有了大幅度提高，但由于不合理的农业生产生活方式，造成严重的资源浪费和环境污染，农村脏乱差现象比较严重。很多原来景色秀美的村落变成了"垃圾里的村庄"，给农民身体健康造成了极大威胁。党中央、国务院审时度势，作出了建设社会主义新农村的重大战略部署，并提出了"生产发展、生活宽裕、乡村文明、村容整洁、管理民主"的目标和要求，这是对农村全面发展的高度概括，对农村环境建设提出了更高的要求。发展农业循环经济，有利于促进农业生产清洁化、农业资源利用循环、高效化和生活消费理性、绿色化，能够从根本上改变农业资源利用水平低下的现状，彻底解决农村生活环境脏、乱、差的问题，改善农民生产生活条件，形成资源与环境、人与自然和谐的生产环境、人居环境，让农民安居乐业。

——发展绿色循环农业是实现农业可持续发展的根本途径。农业可持续发展内涵就是在既满足当代人需求又不损害子孙后代的前提下，采用资源节约型和环境友好型的生产方式，技术运用适当、经济上可行以及社会可接受的农业发展战略。农业可持续发展关键要依靠技术进步和机制创新，实现生产方式的转变。循环经济的思想与农业可持续发展一脉相承，本质上就是一种生态经济学原理指导下的可持续发展模式。农业循环经济就是用"减量化、再利用、资源化"的循环经济理念指导农业生产，使农业生产方式由"资源—产品—污染排放"的线性经济，向"资源—产品—再生资源—产品—再生资源"的"多向循环式"的循环经济转变，实现资源利用节约化、生产过程洁净化、产业链接生态化、废物循环再生化和大众消费绿色化，充分发挥农业的生态、经济和社会功能，推动现代农业持续、高效发展。

——发展绿色循环农业是促进农业增效、农民增收的战略举措。农业是一个自然再生产与社会再生产相交织的弱质产业，资源利用效率不高、产业链条不完整、增值空间不大等一直是我国农业生产经营效益不高的重要原因。目前，我国农业发展正受制于资源和市场的双重制约，农业水资源利用率仅为40%左右，氮肥利用率仅为35%，畜禽粪处理率只有10%，每年有1/3的秸秆资源被废弃或直接烧掉。尽可能地提高资源利用效率、降低农业生产成本、提高农产品质量和竞争力，已成为提高农业综合生产能力和农业生产经营效益的紧迫任务。发展农业循环经济，按照"资源—农产品—农业废弃物—再生资源"反馈式生产流程，延长农业生态产业链，促进资源、能源的梯级利用，对实现资源利用最大化和环境污染最小化，促进农业增效和农民增收具有重要的推动作用。

第二节 绿色循环农业的发展

一、国内绿色种养循环农业的发展

规模养殖是我国当前农业生产增收的重要途径之一，然而随着生猪养殖数量和规模的不断增长，所产生的养殖废弃物并没有合理有效的处理和科学再利用，已经成为我国农村环境污染治理的重要问题和难题。在偏远农区，常常是一户规模养殖，整个小流域被污染，制约了畜牧业的可持续发展和生态环境的建设。此问题引起政府部门的高度重视。早在2013年，国家颁布实施的《畜禽规模养殖污染防治条例》指出，养殖企业、养殖专业户等在养殖过程中要加强养殖污染防治工作力度，使用科学合理的办法促进污染废弃物的无害处理和反复再循环利用。2016年，农业部联合其他相关部委颁发了《关于推进农业废弃物资源化利用的试点方案》，指出到2020年，一些试点养殖场污染物处理设备要达到 4/5 以上，基本实现其污染物可再利用化。2017 年，农业部颁发了《种养结合循环农业示范工程建设规划（2017—2020 年）》，指出种养结合循环农业建设模式。《关于加快推进畜禽养殖废弃物资源化利用的意见》指出，做好养殖排放废弃物的循环再利用工作，是建设美丽乡村，改善民生的重大工程。2021 年，农业农村部办公厅和财政部办公厅联合下发《关于开展绿色种养循环农业试点工作的通知》，在全国支持开展绿色种养循环农业试点工作，旨在打通种养循环堵点，促进粪肥还田，通过五年的试点，形成发展绿色种养循环农业的技术模式、组织方式和补贴方式，为大面积推广应用提供经验。

河北省在绿色发展政策方面也提出了明确要求，《河北省"十四五"畜牧兽医行业发展规划》提出，畜禽规模养殖场粪污处理设施装备配套率维持在 100%，畜禽粪污综合利用率达到 85%。畜禽养殖规模化率达到 78%，较 2020 年增长 13%。要求持续推动畜牧业绿色循环发展，河北省将突出 10 项重点工作，如提升畜禽养殖基地生产能力、推进畜禽养殖废弃物资源化利用；实施 12 项行动，如规模养殖标准化示范创建行动、规模养殖场粪污处理设备提档升级行动、白洋淀流域专项整治行动、畜禽粪污资源化利用整县推进行动及推进粮改饲等行动，突破关键环节，加快推进畜牧业高质量发展。

二、绿色种养循环农业的探索

循环农业不同于以往提出的生态农业、绿色农业，虽然三者都是实现我国农业可持续发展的模式，但循环农业研究的内容远远超过生态农业与绿色农业，其体系已经超出了大农业范围，甚至做到了农业、工业与旅游业的充分结合，是一种生态效益、社会效益与经济效益并重的新型农业。在传统农业向现代市场农业转变进程中，农业的增长方式正面临着从粗放经营到集约经营、从不可持续到可持续的转变。循环农业的兴起将是农业发展观念、发展模式、转变农业增长方式上的一场革命。它能以最小的成本获得最大的经济效益和生态效益,也为资金、技术在耕地上的集约利用创造条件。

在借鉴发达国家先进经验的基础上,以减量化为切入点,坚持因地制宜、整体推进、重点突破,采取政府调控、市场引导、公众参与相结合的方式,推进农业资源循环利用,保护和改善农业生态环境,形成以循环促发展、以发展带循环的良性格局。在具体思路上,要实现以下四个转变。

在发展目标上,由单一强调生产效益向兼顾生态社会协调发展转变。长期以来,农业发展靠土地、水肥等大量物质投入,资源利用效率不高,走的是资源消耗型的发展道路,造成了严重资源浪费和生态破坏,农业投入产出效益不高,农产品品质竞争力差,影响了农业综合生产能力的提高。农业发展不仅要保障国家食物数量安全,而且要保证农产品品质和质量。不仅要注重生产效益,而且要实现农业生产、资源、生态、环境的全面和谐发展。发展循环农业,要改变目前重增长轻发展、重生产轻环境、重经济轻生态、重数量轻质量的思路,既注重在数量上满足供应,又注重在质量上保障安全;既注重生产效益提高,又注重生态环境建设。

在发展模式上,由单向式资源利用向循环型转变。传统的农业发展理念,将自然界看作是一个无穷大的资源宝库和无限量的排污场,生产是纯粹的一次性资源消耗过程,生产活动表现为"资源—产品—废弃物"的单程式线性增长模式,产出越多,资源消耗就越多,废弃物排放量也就越多,对生态环境的破坏就越严重。传统的农业发展模式已经不适应全面小康社会建设的需要,亟待充分整合利用农业生产和再生产各个环节一切可以利用的资源,按"物质代谢"和"共生"的关系延伸产业链,推动单程式农业增长模式向"资源—产品—再生资源"的

"单向单环式""单向多环式""多向多环式"与"多向循环式"相结合的综合模式转变。

在技术体系上,由集约高耗型向节约高效型转变。以杂交种、化肥、农药、灌溉为主,投入要素的常规农业技术体系,对农业生产和经济增长作出了巨大贡献,但带来的资源枯竭和环境污染问题日趋突出。发展循环农业,要依靠制度创新,引导和鼓励科技人员研发、推广促进资源循环利用和生态环境保护的农业技术,提高农民采用节地、节水、节种、节肥、节药、节电、节柴、节油、节粮、减人等节约型技术的积极性,实现由单一注重产量增长的农业技术体系向注重农业资源循环利用与能量高效转换的循环型农业技术体系转变,为农业可持续发展提供技术支撑。

在产业政策上,由抓单一产业向抓产业协同发展转变。多年来,我国的农业产业政策主要集中在追求单一产业链的拓展和延伸,对产业之间的物能综合利用重视不够,尤其对产业之间的资源、产品多级循环利用缺乏引导。发展循环农业,要着眼于整合农业产业链,促进种植业、畜牧业、渔业、林业及农产品加工业、农产品贸易与服务业、农产品消费领域之间,通过废物交换、循环利用、要素耦合和产业生态链等方式,形成相互依存、密切联系、协同作用的适度生态产业链体系,实现资源有效配置、废弃物资源化利用和污染物最少排放。

东北地区黑龙江、吉林、辽宁三省耕地面积在全国位居前列。东北地区是国内农业生态环境和水土资源组合的最好地区之一。经过长期的农业产业格局规划和农业综合生产能力的开发,东北地区已成为我国重要的商品粮基地和农业生产基地,也是21世纪我国粮食供给潜力最大的地区,循环农业是东北地区农业发展的大方向。黑龙江省农垦总局先后建立了完达山乳业、九三油脂集团、完达山药业、北大荒麦业等一系列以农副产品深加工为主的生态型企业集团,生产绿色食品、有机食品,绿色食品基地面积总和、产品总量居全国第一位。

实际案例

黑龙江八一农垦大学玉米地放养狮籽鹅种养模式被广泛推广

黑龙江八一农垦大学发展的玉米地放养狮籽鹅种养模式在全国得到了广泛推广，是典型的种养结合型生态循环农业技术。鹅在垄间行走排泄粪便，可起到施肥作用，鹅采食玉米老叶和杂草，田间通风好，促进玉米生长，鹅吃玉米须根，促使玉米深入扎根，吸收充足营养，促进植株长高、粗壮，籽实饱满，玉米产量可增加10%以上，提高玉米收入超过100元/亩，每年可节约农药、化肥等支出费用260~340元/亩。玉米地放养鹅采食玉米下部的老叶，可使病虫害的传播得到有效控制，可以不施农药达到控制玉米地病虫害的作用。

我国在新疆、内蒙古等多个试点开展"粮改饲"，推进种养结合、农牧融合。辐射面积19.07万公顷，收储优质饲草料995万吨。将粮仓变为"粮仓+奶罐+肉库"，将粮食、经济作物的二元结构调整为粮食、经济、饲料作物的三元结构。西北部另一个突出问题是干旱缺水问题严重，农膜问题突出。以甘肃地区为例，农作区年降水量200~450毫米，水资源量不到450米^3/亩，不足全国用水量的25%。地膜覆膜面积14.1万公顷，累计约有3 600吨地膜残留在农田中，平均农田残留地膜17.1千克/亩。针对以上问题，大力推进节水灌溉，发展膜下滴灌、根区导灌、低压管灌等节水设施农业，积极引进、推广抗旱节水农作物新品种，提高水资源的利用效率。引进大型多功能废旧地膜回收机，由农机大户以村为单位进行集中回收，并通过宣传方法、补贴机制、奖惩机制等方法来提高地膜的回收率。发展种养结合模式，开展沼气工程建设，使农业废弃物得到循环利用，降低秸秆焚烧和畜禽粪便污染的问题，同时减少化肥农药的使用，实现资源利用节约化、生产过程清洁化、废物循环再生化。

华东、华中地区是我国水稻、油菜发展主要省份聚集地,其主要特征是资源的高投入、产品的高产出、污染物的高排放、物质和能量的低利用。该地区耕地资源匮乏,由于过度开垦导致保水保肥能力下降,加速了土壤肥力的下降,土壤肥力形成和发育受阻。以安徽省发展循环农业为例,淮南市地理位置优越,水陆交通便利,自然资源丰富。打造了稻壳发电、沼气发电、秸秆压块等一批循环农业经济产业,努力治理农村环境,促进经济和社会协调的快速发展。大力开展农村户用沼气池建设,推广沼渣、沼液的综合利用,发展多种农业养殖业结合的生产模式,为发展无公害农产品、绿色产品打下基础,同时降低了成本,增加了农民收入。安徽省临泉县是全国人口大县,劳动力极其丰富,适合推广劳动密集型产业。根据当地社会、环境和经济特点,临泉县建立了"林—草—牧—沼—菌"农业循环经济模式,将单一的林、牧、副及微生物按照植物生产、动物消化、微生物分解的自然生态原理,组织大农业内部的整合发展,解决临泉县所面临的诸多环境和经济问题。

实际案例

江苏省盐城市盐都区多措并举推动产业融合绿色发展

盐城市盐都区位于江苏省中部偏东,耕地面积74万亩,是国家生态文明建设示范区、全国"两山"实践创新基地、国家商品粮生产基地、蔬菜生产大县、中国河蟹之乡。"十二五"之前,盐都区虽拥有良好的农业资源优势,但是农业生产方式仍然以产出较低、污染排放较高的传统模式为主。近年来,盐都区瞄准建设农业强区目标,立足本地资源禀赋,坚持生态优先、绿色发展,调优产业结构、清洁产地环境、选树农业品牌,以产业"谋篇"、绿色"兴篇"写好乡村振兴"大文章",农业绿色产业链条不断完善,走出了一条富有盐都特色的绿色发展之路。2022年,盐都区入选全国首批乡村振兴示范县创建名单，优质稻米、绿色果蔬、精品花卉、规模畜禽、生态水产五个主导产业发展势头强劲，草莓、葡萄、番茄、大闸蟹四个主打产品齐头并进，"大纵湖大闸蟹""龙冈茌梨"等十个农产品获得国家地理标志证明商标，"鲜之都·盐都"农产品区域公用品牌叫响长三角，一二三产业融合绿色发展势头强劲。

突出绿色生态导向，调优农业产业结构，推动产业集群发展。立足盐都区情实际，调整种植业、畜牧业、渔业产业结构，推动农业与食品加工业、生产服务业融合发展，按照"一镇一园一特"的发展思路，建成盐城盐都台湾农民创业园、省级现代农业产业示范园等11个各具特色的现代农业园区，带动农村一二三产业完成绿色升级。推动传统产业绿色转型。以园区为抓手示范推广农牧结合、稻渔共作、藕田套养等生态复合种养模式，大力发展优质稻米、绿色果蔬、精品花卉、生态水产等特色高效农业。自主培育产量高、抗性强的稻麦新品种不断推广应用，推广生态健康养殖模式，推进池塘标准化改造工作，发展适度规模的标准化生态畜禽健康养殖，推行"猪—沼—菜""鸡—肥—稻"农牧循环模式。与"十三五"初期相比，稻麦周年单产提升3%，大闸蟹亩均产量提升80%以上，草莓、葡萄亩产提升45%以上。

推行绿色清洁生产，不断净化产地环境，推进绿色生态种植。在粮食主产区，草莓、葡萄等园艺作物优势产区大力推广农作物病虫害绿色防控、统防统治、水肥一体化、配方施肥、测深施肥等绿色生产技术，应用高效、安全、环境友好型植保、施肥机械，支持推广喷杆喷雾机、植保无人机等先进的高效植保机械，推广精准化配方施肥，对按照主推配方进行配肥、全年供应配方肥3 000吨以上的规模企业，由盐都区政府牵头，按照50万元/万吨给予补助。目前，全区测土配方施肥技术覆盖率达94.3%，2022年农药、化肥使用量较2015年分别下降26.7%、9.3%，成为全国农作物病虫害绿色防控示范县。

推进畜禽粪污全量消纳利用。基于物联网和人工智能技术，收集养殖、环境、粪污排放等全方位数据，通过视频动态监控实现技术设备全程自动化、智能化饲养。全区建成6个畜禽粪污处理中心已经全部投入运营，可年处理畜禽粪污26万吨，畜禽粪污可实现全面覆盖、全量收集、全部处置。推进健康生态养殖。开展池塘标准化改造，单片50亩以上及100亩以上连片养殖塘口须配备10%的尾水净化区，同时设置两级净化，大力推广养殖模式生态化、投入品使用规范化、尾水处理达标化和生产管理智能化，鼓励规模生产经营主体配备信息处理中心、检测分析室、监控室，水质在线监测系统等，实时监测关键指标。

坚持质量兴农、品牌强农，增加绿色优质农产品供给，严控产品质量。把严农产品产前、产中、产后质量关，确保产品品质档次，打牢品牌建设基础，塑造品牌优良形象。根据不同产品特性和栽培要求，先后制定形成本地作物标准化生产规程34项，并逐步普及推广。健全区、镇、基地三级检测网络，建成2个区级检测中心、12个镇级检测站和30个基地检测室，依托江苏省农产品质量安全追溯管理平台，基本实现了主要农产品质量安全全程可追溯。创设激励政策。围绕主导产业，强化宣传引导，调优激励政策，鼓励各类农业生产经营主体走品牌化发展之路，着力营造"重品牌、创品牌"的浓厚氛围。大纵湖大闸蟹、龙冈茌梨、葛武嫩姜片3个区域公用品牌产品成功注册国家地理标志证明商标，大纵湖大闸蟹同时被认定为地理标志保护产品。全区共认定绿色食品116个、有机产品17个、创建全国绿色食品原料（荷藕）标准化生产基地1个，江苏省著名商标3个，省市名牌产品15个。强化宣传营销。通过政府引导，龙头示范，企业参与，创新营销模式，拓展销售渠道，逐步提升品牌农产品市场占有率。建设数字农业科创园，招引华东农产品交易中心项目，集成建设线上交易平台系统、线下服务中心等功能设施，打造长三角有影响力的"东部优品"农产品数字交易平台,"东部优品"电商平台已招商入驻企业300多家,商品1.3万款。

聚焦产业融合,多措并举提升综合效益,促进农工融合。围绕"绿色引领、食创未来"理念,以盐都食品未来科技园为依托,重点推进盐都食品加工产业发展,全力打造全省争一流、全国有影响的大健康食品产业集群。园区2021年入选江苏省农产品加工集中区示范典型,已招引心思源食品、宇公食品等6家龙头企业入驻。促进农旅融合。瞄准建设"乡村休闲大花园"目标,坚持以农为本,整合资源要素,着力构建"龙头带动、三廊贯通、全域覆盖"的休闲农业空间布局,深度挖掘农业休闲、养生、科普等多重功能,打造了一批休闲农业与乡村旅游示范点,推动农业和旅游有机融合。先后创成全国休闲农业与乡村旅游示范县、全国休闲农业重点县、江苏省休闲农业精品区,获评中国美丽休闲乡村2家,全区休闲农业年接待游客400万人、综合收入超50亿元。促进农数融合。构建了综合型农业农村大数据平台,为农事生产提供全方面、个性化数据服务。引导种养主体开展农业生产数字化改造升级,新建物联网传感器、水肥一体机等智能装备650余套,培植了5个标杆性数字农场,提升农户经营效益。

我国南部地区主要包括华南地区及西南地区。华南地区以广东省的"立体种养系统"为例。立足于珠江三角洲多泥沼的地理特点,发展水陆立体种植养殖系统,形成较完整的食物链。广东宝桑园种植业与养殖业"废弃物"结合。建立标准的800亩桑基鱼塘,不仅养鱼、养蚕,还养鸡、养猪、栽培灵芝。广东农垦集团的"农工复合生态系统"是国家直属垦区。建立了三条农工复合生态产业链。

制糖绿色生态产业链:这一复合产业链由甘蔗发展出蔗糖、纸张、乙醇等产品的生产,最后废弃物产生的有机肥又回到蔗田,实现了资源的循环利用。

剑麻绿色生态产业链：剑麻叶片—纤维—地毯。生产麻绳、抛光布等产品。广东农垦集团还通过参股广西万德药业有限公司，利用剑麻皂素合成激素产品，推进剑麻产品的深加工。

菠萝绿色生态产业链：菠萝加工成菠萝罐头或菠萝浓缩汁，菠萝皮可用于制作有机生物肥回田。整个产业链的所有资源和废弃物均得到了充分的利用，不会对自然环境产生污染，所需的主要资源也是绿色和可再生的。

海口市将发展农村沼气作为新农村建设的重要工作，大力发展"猪—沼—果"循环农业，已开发实施"猪—沼—香蕉""猪—沼—荔枝""猪—沼—胡椒"等系列模式。

华北地区是我国小麦、玉米主要生产省份聚集地，其主要特征是资源的高投入、产品的高产出、污染物的高排放、物质和能量的低利用。该地区水资源匮乏，加速了土壤肥力的下降，土壤肥力形成和发育受阻。

实际案例

泊头市绿色种养循环试点项目
"有机肥与无机肥配合施用还田"模式介绍

一、基本情况

河北万雏园农牧科技有限公司是泊头市绿色种养循环试点项目的实施主体，该服务主体针对不同作物的施肥特点、农民施肥习惯以及农民施用有机肥的困难和障碍，在不断提高粪肥发酵质量、聚焦还田效果以及减少农民施用有机肥的时间和成本上不断探索和研究，集成、创新了以"分散收集、集中处理、统一加工、针对性还田"为主要内容的全环节集中处理中心发酵还田粪污处理还田长效运行机制，形成了有机肥与无机肥配合施用还田的技术模式，实现了有机肥与无机肥合并施肥的目标，达到了有机肥顺利还田利用、化肥减量增效、农民增产增收的目的，得到了农民的认可。

该公司成立于2005年，注册资本1 100万元，现有员工56人。主要业务范围包括畜禽粪污集中发酵处理、有机肥和生物有机肥料加工以及有机肥料施用还田服务等全环节业务。公司现有固定资产5 841万元，拥有120米^{3}的大型发酵罐8台，纳米膜发酵池2套，大型翻抛机1套，粪污收集转运车5辆，撒肥车3辆，有机肥全自动加工包装流水线1条，有机无机肥料掺混设备1套，总建筑面积约18 000米^2。公司致力解决测土配方、精准施肥"最后一公里"问题，坚持有机无机肥相结合，坚持通过增施有机肥减施化肥，依托大专院校、科研院所和建设先进的土肥检测中心，根据当地不同土壤条件、不同作物需肥特点以及农民传统施肥习惯制定不同的有机肥与无机肥配合施用还田方案，取得了明显的经济、社会和生态效益。

二、工作开展

河北万雏园农牧科技有限公司2021—2023年均参与了泊头市绿色种养循环试点项目的实施。该服务主体共对接畜禽养殖场57个，累计收集、处理畜禽粪污87 235吨，其中鸡粪73 793吨，牛粪13 442吨；服务种植农户199个，服务半径40千米，累计施肥面积102 924亩，累计施肥量18 910吨；主要施肥农作物以玉米、小麦为主，果树、蔬菜为辅，重点对大田粮食作物施用有机肥进行了持续探索和研究，集成、创新了以"分散收集、集中处理、统一加工、针对性还田"为主要内容的"全环节集中处理中心发酵还田"粪污收集、处理、还田长效运行机制，形成了有机肥与无机肥配合施用还田的技术模式，具体做法如下。

1. 粪污收集、处理、还田长效机制的建立

分散收集：公司在尊重养殖农户意愿的基础上与养殖农户签订

长期粪污收集协议，严格遵守养殖场防疫规定，使用专用封闭车转运，每天定时将协议养殖场的粪污运送到集中处理中心。

集中处理：各粪污收集点收集的粪污送到集中无害化处理中心后，由处理中心利用专业化的设备将粪污集中进行发酵处理。处理过程完全按照 GB/T 36195—2018《畜禽粪便无害化处理技术规范》实施，确保粪污处理过程符合环保要求，同时该公司为提高有机肥质量和施用还田效果，采用不加辅料的罐式密闭发酵方式，创新了"4235 发酵配方"，发酵好的有机肥氮磷钾含量达到 8% 以上，水分 20% 左右，有机质含量 40% 以上，各项指标均明显优于国家标准，为提高有机肥的施用还田效果奠定了良好的基础。

统一加工：该公司有机肥加工车间装备了时产 20 吨的大型加工流水线，不仅将公司发酵的半成品有机肥进行加工，而且将全市规模化养殖场发酵好的有机肥半成品统一加工成有机肥料类产品。同时该公司积极适应农民施肥习惯，根据不同施肥方式加工不同的有机肥剂型，如小麦季以粉剂为主，玉米季以颗粒型为主，提高了肥料效果，方便了农民施用，推动了有机肥的还田利用，为土壤改良和化肥减量增效提供了有效支撑。

针对性还田：依托种养循环项目专家技术指导小组，根据当地主要农作物施肥现状，分析制约当地主要农作物施用有机肥的障碍与堵点，针对性地制定了不同作物的有机肥施用还田方案。根据玉米播种时间集中和大多采取种肥同播的实际情况，玉米施用有机肥采取有机肥与无机肥混合种肥同播的方式；根据当地农民一般采取"浇水—施肥—旋耕—播种"的小麦种植方式，制定了小麦施用有机肥采用撒肥机散装撒施的还田方式，在翻耕前与无机肥同时或预先掺混后一并撒施，实现了有机肥与无机肥的配合施用还田，解决了有机肥施用还田的问题。目前许多农户将无机肥交给集中处理中心与有机肥直接混合，进一步节约了农民施用有机肥的时间和人工成本。针对设施蔬菜，公司主要从测土配方技术推广入手，制定更加科学、明确的"有机肥+配方肥"施用技术，进一步提高有机肥的施用效果和做好化肥的减量增效工作。针对果树，推广了"机械撒施/沟施+旋耕/填埋"的施肥方式，通过测土配方，将有机肥和配方肥混合后使用小型机械一次撒施或沟施，再使用旋耕机进行旋耕或填埋，实现了有机肥与无机肥配合施用问题，进一步提高了当地果品的品质，极大地增加了农民的收益。

公司通过实施绿色种养循环项目，增强了推广有机肥的信心，建立了有机肥施用还田的长效机制，取得了较快发展：公司员工和服务人员由三年前的11人增加到24人，设备由原来的10台/套增加到22台/套，发酵能力和施用还田能力均实现了翻番，有机肥加工工艺得到进一步优化，有机肥加工和施用技术水平得到了明显提升。

2. 有机肥与无机肥配合施用技术模式

(1) 创建宗旨。打通有机肥施用还田的关键堵点，形成成熟的有机肥施用还田技术模式。

(2) 创建原则。通过有机无机肥相结合的方式实现化肥减量增效，同时不影响作物长势、产量和农民收益。

(3) 创建目标。粪污转化为优质有机肥料，有机肥得到农民认可并大面积还田应用，化肥减量不减产，土壤得到改良提升，农产品品质得到改善。

(4) 解决的主要问题。农民施用有机肥嫌麻烦，施用有机肥成本高、效果不明显，各作物有机肥具体怎么施、施多少，与无机肥如何配合施用，有机肥与无机肥混合施用易潮解堵塞播种机等一系列有机肥施用还田环节问题、难题。

三、主要成效

1. 社会、生态、经济效益

(1) 社会效益。项目的实施使养殖业粪污与当地种植业对有机肥的需求有机结合，打通种养之间的粪污还田利用堵点，实现了改良土壤102 924亩，促进了有机肥还田利用，对提高农产品品质、促进土壤团粒结构形成取得了明显效果。

项目的实施有效缓解了当地畜禽粪污对环境的污染问题，而且使养殖业粪污与种植业规模实现了动态平衡、就地还田利用，促进了种养结合和资源化循环利用，对畜牧业的可持续健康发展具有重要意义。

（2）生态效益。畜禽粪污不仅臭气难闻，污染环境，而且粪便中的各种病毒、病原菌和虫卵，成为疾病传染源，给人们的健康带来危害。不经过发酵腐熟处理的粪污还田利用会导致BOD（生化需氧量）和COD（化学需氧量）超标。高温好氧发酵处理的畜禽粪便转化为有机肥料，含有丰富的有机质及微量元素，改善了土壤中的养分含量，延长了土壤的适耕期；有机肥中的大量的微生物和酶，具有任何化学肥料不可比拟的优越性，对改善农产品品质，保持其营养风味具有特殊作用。畜禽粪便无害化、资源化处理对缓解能源危机、生态危机和资源危机也具有重要作用。

（3）经济效益。本项目的实施可实现有机肥施用还田面积102 924亩，示范田通过施用有机肥可实现增产8%，按一年两季、玉米、小麦平均市场售价2.4元/千克核算，可促进农户增收800万元，具有较好的经济效益。

2. 有机肥与无机肥配合施用还田效果显著

（1）节约了施肥成本和时间。有机肥单独撒施，机械和人工成本10~15元/亩；有机肥与无机肥混合后一次性种肥同播可将此费用全部节约，仅泊头市10万亩种养循环项目示范田就可节约有机肥撒施成本100万~150万元。

（2）实现了化肥减量增效、农民增产增收。有机肥与无机肥在农民监督下直接混合、直达基地的方式获得了农户的信任，实现了化肥直接减量增效。玉米采用的主要有机肥无机肥现场配合比例为：20千克有机肥颗粒直接替代10千克无机肥，传统玉米种植一般施用50千克无机肥，直接转变为40千克无机肥+20千克有机肥，在养分、成本获得农民认可的基础上，获得了良好的长势和增产效果，农民也获得了较好的收益。

养分测算：亩施用50千克45%配方肥，亩施用氮磷钾22.5千克；亩施用40千克45%玉米配方肥+20千克优质有机肥（氮磷钾≥8%，有机质≥40%），亩施用氮磷钾19.6千克，有机质8千克。

成本测算：50千克45%玉米配方肥，单价3.5元/千克，施肥成本175元/亩；有机肥20千克，单价1元/千克，有机无机肥配合施用后施肥成本160元/亩，成本低于仅使用无机肥15元/亩。

效益测算：玉米施用40千克无机肥+20千克有机肥的有机无机配合施肥技术，比仅使用50千克无机肥亩均增产玉米30千克，亩均增产5%；玉米单价按2.8元/千克核算，亩均增收84元，亩减施化肥10千克。2022年该模式实施示范田面积3万亩，直接减少化肥使用量300吨，增加粮食产量90万千克，示范区农民增加收入252万元。

(3) 提高了农产品品质。泊头市交河镇五里庄村农民王宝玉种植梨树300亩，采用有机肥与无机肥配合施用还田技术后，果品可溶性固形物含量由原来仅施用无机肥料的10.6%提高到11.7%，提高了1.1个百分点；优质果率由85%提高到90%，提高了5个百分点，平均效益增加480元/亩，提质增效效果明显。

该公司创建、实施的有机肥与无机肥配合施用还田模式，彻底打通了有机肥施用还田的关键堵点，得到了广大种植农户的认可，取得了良好的经济、社会和生态效益。

该模式的推广应用，不仅解决了养殖粪污的就地资源化利用，而且改良了土壤，减少了化肥施用，同时给当地农民带来了方便和收益，有力促进了全市绿色种养循环工作的开展，使"推广项目"变成了农民主动"追要项目"，达到了项目实施的目的。

四、长效运行机制建立

公司通过实施项目，建立了以"分散收集、集中处理、统一加工、针对性还田"为主要内容的"全环节集中处理中心发酵还田"粪污收集、处理、还田长效运行机制，各环节人员各司其职，分工协作，同时针对各环节出现的运营和技术问题及时调整工艺、增加设备，确保机制运行顺畅，农民满意。

通过实施项目，农民对有机肥的认识发生了质的改变，施用有机肥的积极性空前提高，公司总体盈利水平逐年上升，实现了畜禽粪污从收集、处理到还田全环节的良性循环。

三、绿色种养循环农业的发展前景

农业绿色发展的必由之路是建立生态种养循环发展体系。通过源头控制，坚持种植与养殖绿色生产，末端治理，推进秸秆粪污资源化利用；以生态种养循环农业为纽带，解决种养业脱节、脱钩问题，实现生态平衡与多样性发展是发展现代农业的基本要求，生态种养循环农业是实现低碳种养、生态农业、高效农业的有效途径之一。

未来应充分调动社会各界对资源化利用的参与度和积极性，加快生态型农业转变，完善种养结合，打造废弃物供需平衡，构建资源化利用市场，推动种养相关产业融合发展。由于种养结合模式的粪污全量还田和粪尿肥料化利用均要通过必要的无害化环节，需要氧化塘技术处理，并很大程度上依赖沼气工程。因此，要考虑对沼气工程、氧化塘技术建设与运行的处理成本、处理效能、二次污染产生等问题进行持续优化。未来，在种养结合循环农业中开发沼液浓缩制肥、微藻养殖等产生高附加值沼液运用技术值得探究。另外，昆虫转化技术具有生产成本较低、资源化利用率较高、无再次污染等优点，能将粪便中干物质、粗蛋白、粗纤维等物质资源进行循环利用，并有一定的经济、环境效益，是一项有开发前景的新型生态技术。

全国绿色种养循环农业试点工作开展以来，已总结提炼10项粪肥还田典型技术模式，累计应用面积超过6140万亩。同时，发展培育粪肥还田服务组织2500多家，对接服务种植、养殖主体89万个。

第三节 绿色种养循环农业的意义和成效

一、绿色种养循环农业的意义

种养循环模式是农业绿色发展的重要方式，不仅能解决农业污染问题，还能降低生产成本，有助于农产品品牌形象的建立，提高人民收入，实现经济效益、生态效益、社会效益的有机统一，对农业可持续发展有重大意义。这种循环农业模式必将是未来农业发展的大趋势。

1. 有利于转变农业发展方式

目前，中国经济发展进入新常态，农业内外部环境变得纷繁复杂，资源条件和生态环境两个"紧箍咒"亟待破解。面对农业新常态，迫切需要转变农业发展方式，以资源环境承载力为基准，加速优化种植养殖结构，进一步完善农业内部循环链条，促进农业发展由以前主要依靠拼资源拼消耗，转变为走资源节约、环境友好、经济高效的可持续发展道路。例如，目前许多地方都开展了基于循环农业的试点改革，畜禽粪污资源化利用，打通种养循环堵点，促进耕地质量提升和农业生产力提高，高质量完成绿色种养循环农业试点工作，促进经济、社会、生态效益同步提高，全面改善农村人居环境，为实施乡村振兴和产业兴旺提供了新的增长点。

2. 有利于发展农业循环经济

畜禽养殖产生的粪污、垫料等废弃物，含有丰富的营养物质，对于作物生长不可或缺，施用于稻田、果园和菜地等有助于显著改良土壤结构，提升耕地地力，减少化学投入品施用，降低土壤污染风险，真正做到种植养殖"两互促"、节本增效"两不误"，推动农业循环经济发展。从本质上讲，种养循环实质上是农业绿色发展一种具体举措，如畜禽粪便经过干湿分离、无害化处理之后产生的沼液、沼渣做成有机肥返还大田，用于有机果蔬种植，沼气并网发电，形成绿色环保的循环农业。种养循环农业是将种植业、畜牧业、渔业等与加工业有机联系的综合经营方式，既减少污染保护环境，又降低生产成本，提高产品质量，是绿色农业生产新方式。

3. 有利于治理农业生态环境

前些年，畜禽养殖业的过快增长，带来了环保的巨大压力。科学发展种养结合，有助于调优种养比重，改善农业环境和资源利用方式，促进养殖废弃物转化为优质有机肥、燃料或其他可供利用的原料，真正做到"变废为宝、变害为利"，达到减少农业面源污染、改善农村人居环境、推进新农村建设等多重功效。同时，循环农业的采用，还能实现生态效益与经济效益的统一。种养循环经济在提高农民经济收益的同时也带来较高的生态效益，转变了过去农业和畜牧业的生产方式。过去的畜牧业生产需要大量的水资源处理牲畜粪便，同时排放大量的污水，有些污水直接排放到河流，污染河水。养殖户周围臭气熏天，过往行人掩住口鼻。种养循环经济模式将畜牧业的粪便作为沼气的原料，通过一系列无害化处理输出沼气，然后将其余残渣作为农业生产的肥料，这在一定程度上减少了农药和化肥的使用，解决了土壤问题。

4. 有利于提高农业竞争水平

最关键在于要依据周边环境承载力和养殖废弃物消纳范围，科学布设养殖、种植基地，合理配套无害化处理和利用设施，加快搭建粮经饲统筹、种养加一体、农牧渔结合的现代循环农业构架，带动"三品一标"① 农产品健康有序发展。以上种种，均有利于加速农业供给侧结构性改革，促进一二三产业融合发展，提升农业综合竞争力和影响力。同时，种养循环经济模式也能协同推进农业与畜牧业的共同发展。采用种养循环经济模式后，单位劳动力既可以承担农业生产活动，也能够同时进行畜牧业养殖活动，能够有效减少劳动力资源的投入，提高农业与畜牧业的生产效率，增加农业与畜牧业的经济收益。

二、绿色种养循环农业的初步成效

传统农业到现代农业的发展中，通过各种农业活动，加剧了农村面源污染问题。一方面，由于大量的化肥、畜禽粪尿、生活污水的无节制排放造成富营养化污染水体；另一方面，由于杀虫剂、除草剂的大量使用，造成有机磷、有机氯、重金属等有毒物质污染水体。

近年来，随着对环境保护的重视，我国农业生产范围中的畜禽粪污、农膜、农药等引起的污染物排放量总体在下降，但农业源污染物的总量仍然居高不下，种植业和养殖业产生的污染占到农业源污染物的90%以上。据农业农村部公布的数据，我国每年养殖业粪尿等污染物量约38亿吨，但粪污等废弃物综合利用率却低于60%。据《第二次全国污染源普查公报》通报，与第一次污染普查相比，养殖业水污染物排放量中化学需氧量、总氮、总磷分别为 1.0×10^3 万吨、0.596×10^2 万吨、0.12×10^2 万吨，分别降低21.11%、41.81%、25.37%，但畜禽等养殖业粪污一直是农业面源污染的主要治理对象。近年来，全国畜牧总站梳理推荐的种养结合是畜禽粪污资源化利用技术模式之一。我国走农

---

① "三品一标"指无公害农产品、绿色食品、有机食品和农产品地理标志。

业的可持续发展之路，通过合理的种养结合生态循环农业模式，在实现废弃物资源化和无害化利用的同时，还实现了物质和能量的循环。不仅提高农产品质量，还使得环境和农业能够协调发展；在农业经济收入不断增加的同时，还有利于农业的可持续发展。种养结合的生态循环农业模式以沼气工程为纽带，将养殖业带来的粪便作为原料，产生的沼液沼渣作为有机肥，不仅可以有效防治作物的病虫害，还能使作物品质提高，降低化肥农药的用量；产生的沼渣沼液经过深加工作为畜禽饲料，降低畜禽养殖的成本，不仅降低了生产成本，还带来了经济收入，有效地保护了生态环境。

第三章

生态循环农业关键技术

第一节 立体间套高效生产技术模式

一、间作套种的含义

间作套种是指在同一土地上按照一定的行距、株距和占地的宽窄比例种植不同种类的农作物,是运用群落的空间结构原理,以充分利用空间和资源为目的而发展起来的一种农业生产模式。间作和套种,虽然都是使用同一块地按照一定的行距、株距和占地大小比例进行多样化种植,但却是两种不同的种植方法。

所谓间作,就是在同一时间内,根据一定的行数比例间隔种植两种及以上的不同作物种类,间作的不同作物共同生长期较长,一般占整个生育期的一半以上。

所谓套种,是在前种作物生长后期的逐行间再次种植新一种作物的种植方法,套种的作物共同生长的生育期很短,一般不超过整个生育期的一半。

间作套种是我国一代一代农民经过种植实践总结,流传下来的宝贵传统种植经验,也留下了很多适合间作和套种的作物品类,很多作物间作和套种具有十分突出的增产增收效果。

二、间作套种的优势与劣势

(一)优势

在农业上,发展间作套种和立体种养模式是提高农作物品质和生产效率的重要途径。间作和套种具有很多优点,例如,可以降低植物对病虫害和其他环境因素的敏感性，有效防止植物出现单一品种的失败；可以很好地减少土壤侵蚀，同时可以优化作物的水分和肥料管理。

另一种模式是立体种植，它可以提高土壤的利用效率和种植、收获效率。采用立体种植模式，可以减少作物之间的冲突和资源的浪费，提高作物的抗寒性和适应性，减少对施肥的要求，增加种植区域的利用率，从而提高产量和节约资源。

在农业上，间作套种和立体种植都是非常有效的农业种植管理模式，可以有效提高农作物的品质和生产效率。农技人员还可以根据农业生产要求选择合适的种植模式，更好地发挥各种种植模式的优势。

通常来讲，间作套种模式和立体种植模式的优势都是可以减少土地开发活动、提高耕作水平、提高植物的空气利用效率，同时有利于水源的有效利用，并有助于种植多样的农作物，从而提高综合效益。

（二）劣势

间作套种虽然有多种好处，如可以减少土地重茬危害，抑制病虫害，有效促进作物增产增收，但同时也存在一些缺点。

（1）连作障碍。间作套种可能导致作物生长结实不正常，因为连续种植同一种作物可能会引发土壤问题。

（2）技术要求高。轮作茬口紧密相连，需要较高的技术要求和时间紧迫性。

（3）管理复杂。间作的管理较为复杂，需要投入更多的人工，机械作业的难度也较大。

（4）费工。套种通常需要更多的劳动投入，机械化程度较低。

间作套种需要合理规划和实施，以确保其优势能够得到充分发挥，同时避免潜在的问题。

三、作物间作套种的基本原则

株型"一高一矮""一胖一瘦""一纵一横":高秆作物和低秆作物搭配;株型松散、枝叶繁茂的作物和株型紧凑、枝叶稀疏的作物搭配;枝叶横向发展的作物和枝叶纵向发展的作物搭配。例如,玉米和马铃薯间作套种,或者高粱和大豆间作套种,或者玉米和甘薯套种,在株型上高低有序,在枝叶上松紧有度、上下分明,在田间就能够形成非常好的通风透光生长环境。

叶型"一尖一圆":这个也比较好理解,就是圆叶类作物和尖叶类作物搭配。例如,大豆、棉花、甘薯等圆叶类作物和玉米、小麦、高粱等尖叶类作物间作套种。

密度"一大一小""一宽一窄":对于间作套种的作物来说,主种作物密度要大、行距要宽,副种作物密度要小、行距要窄。如西瓜套种大蒜、棉花、辣椒等。

生育期"一早一晚":间作套种最好是不同生育期的作物种类,以便更好延长主种和副种作物的生长期,更好地利用太阳光照条件和土壤资源,一般来说主种作物成熟期可以稍微晚些,副种作物成熟期可以稍微早些。

四、间作套种的模式及问题

(一)间作套种的模式

1. 经济作物间作套种

韭菜和番茄间作套种能够防治番茄根腐病;韭菜和大白菜间作套种能够防治大白菜根腐病;大蒜和马铃薯间作套种能够防治马铃薯晚疫病;大蒜和棉花间作套种能够驱逐田间蚜虫;大蒜和油菜间作套种能够防治田间菜蚜虫;莴苣和菠菜间作套种能够减少病虫害发生;莴苣和卷

心菜间作套种能够防治粉蝶产卵；甘蓝和番茄或莴苣间作套种能够防治多种甘蓝虫害为害；萝卜与决明子间作套种能够防治萝卜根线虫；胡萝卜和葱间作套种能够互相驱虫防害；大姜和苦瓜间作套种能够使大姜提前成熟上市、苦瓜丰收；茄子和大葱间作套种能够防治蚂蚁；辣椒和黄瓜间作套种能够防治黄瓜霜霉病、辣椒炭疽病；豌豆和洋葱间作套种能够防治豌豆黑粉病；豆角和黄瓜间作套种能够互相促进生长和增产；小白菜和茄子间作套种能够防治地老虎虫害；番茄和冬瓜间作套种能够预防番茄日灼病的发生；芝麻和甘薯间作套种能够提高光能利用、实现较好的增产；韭菜和豇豆间作套种，韭菜会吸收豇豆的氮肥，能够有效抑制豇豆旺长、促进多结荚；地边间作套种几棵蓖麻能够驱除金龟子；葱蒜类作物间作套种，不仅能够防治多种蔬菜病害，还能够有效抑制土壤中病原菌繁殖生长，具有土壤消毒的功效。

2. 大田作物间作套种

玉米和大豆间作套种，大豆根瘤菌为玉米生产提供所需氮肥，玉米在土壤中为大豆根瘤菌供应较多碳水化合物；玉米和棉花间作套种，能够大幅降低棉铃虫在棉苗上的产卵量和为害；玉米和白菜、辣椒间作套种，可以降低田间温度，使白菜病毒病、软腐病、霜霉病减少20%以上，使辣椒病毒病、日灼病减少一半以上；玉米和豌豆间作套种，二者可以互相促进生长，实现增产；玉米和黄瓜间作套种，能够使黄瓜花叶病减少一半以上；玉米和南瓜间作套种，南瓜会吸引玉米螟天敌黑卵蜂入田，从而减轻玉米螟的为害；玉米和大蒜间作套种，大蒜散发出的刺激性气体能够抑制蚜虫和玉米螟的发病率。

实际案例

山西大豆玉米带状复合种植 "小地块"有"大丰收"

在山西省忻州市忻府区南肖村，种植户崔秀芬在田间看着破土的大豆新苗，绿油油一片，露出饱含期待的笑容。今年是她第一次尝试大豆玉米带状复合种植，"我参加了村里组织的技术培训班，遇到问题我也随时会问农技指导员和示范户，我有信心种好！"崔秀芬说。

2022年是大豆玉米带状复合种植推广的第二年，山西省已提前下达补助资金1.64亿元，在74个县安排复合种植82万亩。目前，种植所需种子、肥料、农药等农资供应充足，农机装备特别是带状复合种植专用机具齐全。山西省还开展了农机手技能培训，已投入农机装备2.9万台，机耕整地面积达26.9万亩。

白和村作为长治市武乡县洪水镇大豆玉米带状复合种植示范点，2021年共计种植1100余亩，其中村集体经济股份合作社种植900亩，共产玉米50多万千克、大豆近7.5万千克，亩产值达到1800元。2022年，白和村集体经济股份合作社以每亩每年360元的价格，集中连片流转耕地600余亩。白和村党支部书记梁斌说，"我们把适宜的地块都整合起来，小田并大田，这样更有利于农业机械化作业，提高种植效益。"

农户自家"小地块"也有"大丰收"。2021年，在武乡县上司乡张庄村农户杨俊谦家的3亩大豆玉米带状复合种植地块，经专家组测量，以玉米亩产511.1千克、大豆亩产137.3千克的成绩，代表武乡县荣获了2022年全国大豆高产竞赛"金豆王"（带状复合种植）第八名。2022年，杨俊谦继续种植了8亩大豆玉米。他对邻居们说，"一定要有'机播'意识，严格按照农技指导的株距行距来种植，等距苗匀，种好了才能收好。"

在长治市沁县定昌镇泊立村，2022年部分农田尝试采用了全生物降解渗水地膜。随着玉米大豆复合播种机缓缓驶过，一块块平整的农田被披上了"外衣"，远看像一片海。山西农业大学研究员姚建民是这项专利的发明者，他告诉记者，全生物降解渗水地膜适用于半干旱地区，有良好的保墒、增产、可生物降解等优势，播种后两个月地膜开始分解，可转变为土壤肥料。

"咱们是'3+2模式'，玉米与大豆的行距要在50~60厘米，玉米行距40厘米，大豆行距35~40厘米……大豆顶土能力弱，要种浅一点。种完后要注重田间管理，精整细干。"姚建民和农户们走在田间地头，向他们嘱咐道。

不仅要"种得好"，还要"管得好"。李志杰是忻州市定襄县李家庄村的一位年轻农户，2022年种植大豆玉米400余亩，比2021年扩大一倍。"去年雨水好，我也比较注重田间管理，收成不错。玉米没减产，每亩豆子还能多赚300元左右。"李志杰告诉记者，大豆种子他选用了试验田的好品种"东豆339"，播种后打苗前封闭药液来抑制杂草生长。由于他所种的地块属于丘陵旱地，苗前封闭除草的效果还不错，后期省了一些人力成本。他还表示，田间管理也要舍得投资，给玉米追好肥、定期灌溉、人工除杂草和收割豆子等环节都很关键。

2022年是李志杰回家种地的第三年。"原来我一直在外地打工，年收入七八万元，回来种地以后发现，收成好的话收入能比原来翻一番。"李志杰说，村民们看到他种地效益好，种植积极性也高涨，2022年村民们种植大豆玉米的面积总共比2021年增加了200余亩。

小麦和棉花间作套种，小麦植株能够阻挡棉铃虫迁入为害棉苗，同时麦田中的七星瓢虫是棉花蚜虫的天敌，能够明显降低棉花棉铃虫和蚜虫为害；小麦和烟草间作套种，麦田中的七星瓢虫是烟蚜虫的天敌，能够减少烟蚜虫对烟草的为害，还能使烟草花叶病降低四五成；小麦和蚕豆间作套种，能够改善田间的通风透光性和保水保湿性，既能使小麦锈病和蚕豆褐斑病发病率大幅降低，还能增强抗旱抗涝能力；大麦和马铃薯间作套种，马铃薯叶片能够分泌一种刺激大麦生长的物质，促进大麦生长和增产。

3. 果树作物间作套种

苹果树和樱桃间作套种,二者挥发的气体能够互相促进生长,让果实具有更加香甜的口感;葡萄和黄瓜间作套种,能够有效降低葡萄褐斑病和霜霉病的发病率;苹果和梨树边种植金银花,金银花根系的分泌物被果树吸收后,能够减轻一些病虫害的发生;果园中间作套种豆类、花生既能够抑制杂草生长,又能提高地力,使果树更好地生长和结果;果园内种植一些芦笋(石刁柏)或万寿草,能够抑制果树线虫的繁殖生长。

需要注意的是,果园间作套种最适合未封闭的幼龄果园,密植高产果园不适合间作套种。种植间作作物以豆科类、生长期短的蔬菜作物最佳,地下块茎类作物、藤本类作物、高秆类作物不适合果园间作套种。

(二)间作套种模式应用中应注意的问题

(1)间作套种的作物,植株应能高矮搭配,这样才有利于通风透光,使太阳光能得以充分利用。如玉米与大豆或绿豆的间作。

(2)间作套种的作物,对病虫害要能相互制约。如大蒜套种玉米,大蒜分泌的大蒜素能驱散玉米蚜虫,使玉米菌核病发病率下降。

(3)间作套种的作物,根系应深浅不一。即深根系作物与浅根系喜光作物搭配,在土壤中各取所需,可以充分利用土壤中的养分和水分,促进作物生长发育,达到降耗增产的目的。如小麦和豆科绿肥作物的间作。

(4)间作套种的作物,叶形应有差别,圆叶形作物宜与尖叶形作物间作套种,这样可避免互相挡风遮光,提高光能利用率。如玉米与花生的间作。

(5)间作套种的作物,主副作物成熟时间要错开,这样晚收的作物在生长后期可充分地吸收养分和光能,促进高产。同时错开收获期,可避免劳力紧张,又有利于套种下茬作物。如玉米间作甘薯,主作物玉米先收,副作物甘薯后收。

(6) 间作套种的作物，枝叶类型宜一横一纵。枝叶横向发展与纵向发展间作套种，可形成通风透光的复合群体，达到提高光合作用的目的。如玉米和甘薯的间作。

(7) 间作套种的作物，品种双方要一互一利。也就是要利于双方发育生长、互利共生或有利于一方，但不损害另一方的生长。例如玉米套种大豆，大豆的根瘤菌可为玉米提供氮肥，而玉米分泌的无氮酸类，则是大豆根瘤菌所喜欢的基质。

(8) 间作套种，耐阴作物宜与抗旱作物搭配，这样可充分发挥水肥作用，增强作物抗灾能力，有利于减轻旱涝灾害。如玉米、高粱套种甘薯，玉米、高粱耐旱，甘薯耐阴。

(9) 间作套种的作物，结实部位以地上和地下相间为宜，即茎秆上开花结实的作物与在地下结实的作物套种。这样不会形成授粉上的互相争斗，地上茎秆开花结实的作物可独享风、虫媒介体，有利于增产。

(10) 间作套种的作物，种植密度要一宽一窄。一种作物种宽行，另一种作物种窄行，这样便于通风，保证增产优势。如玉米套种蚕豆，蚕豆窄行，玉米宽行。

(11) 间作套种，缠绕型作物与秆型作物间作时，能节约架条，省工省钱。如玉米和黄瓜间作，可用玉米秸秆代替黄瓜架条，让黄瓜缠绕在玉米秸上，还能减轻或抑制黄瓜花叶病。

(12) 间作套种，爬蔓型作物宜与直立型作物套种。如春玉米间作南瓜、晚玉米间作冬瓜，玉米往上长，南瓜、冬瓜横爬秧，互不影响。且南瓜花蜜能引诱玉米螟的天敌黑卵蜂寄生，可有效减轻玉米螟为害。

(13) 认识作物的相亲与相克。作物的相亲相克是指两种或两种以上作物种植在一起，双方分泌的杀菌素、生长素、有机酸、生物碱等化学物质直接或间接地影响对方的生长。促进双方正常生长的为"相亲"，反之，则为"相克"。相亲的作物有：玉米和豆科作物，魔芋和玉米、向日葵等高秆作物，大蒜、韭菜与大白菜、包心菜（结球甘蓝）等十字花科作物，大豆和蓖麻，洋芋和菜豆，洋葱和胡萝卜等。相克的作物有：南瓜与马铃薯，葡萄与柏树，高粱与芝麻，核桃与苹果，葡萄与花椒等。

五、间作套种模式的下一步建议

（一）选择适宜的作物种类和品种

间作套种的作物，其生态适应性应基本类似。如水稻与花生、甘薯等对水分条件的要求不同，向日葵、田菁与茶、烟等对土壤酸碱度的要求不同，它们就不能实行间作套种。在生态适应性基本一致的前提下，考虑作物搭配时，在株型方面，要选择高秆和矮秆，垂直叶与水平叶，圆叶与尖叶，深根与浅根作物搭配。在适应方面，要选择喜光与耐阴（光饱和点低）、耗氮与固氮、喜温与喜冻、耐旱与耐涝作物搭配。在根系分泌物方面，要互利无害。

（二）确定合理的田间配置

合理的田间结构有利于解决作物间一系列矛盾。单作时田间结构比较简单，主要取决于密度和株行距。而在间作套种的情况下，田间结构由于是一个较为复杂的复合群体，有主作物和副作物之分，除处理好同一作物个体间的矛盾外，还要处理好作物与作物间的矛盾，以减少不同作物间以及同种作物间的竞争。

（三）加强田间管理

间作套种是集约栽培的技术措施。复合群体大，需要肥水多，因此要适当增加投入（间作加强追肥和灌水，套种田套种之前施用基肥，播种时施用种肥，前作物收获后，及早进行田间管理，水肥猛促，以补足共生期所受亏损）。作物种类多，田间管理复杂，因此要做到适时播种（套种时，套种过早或前一作物迟播晚熟，延长了共生期，抑制后一作物苗期生长；套种过晚，增产效果不明显，因此要着重掌握适宜的套种时期。间作时，更需要考虑到不同间作作物的适宜播种期，以减少彼此竞争），及时收获（为了削弱复合群体内作物之间的竞争关系，特别是对高位作物，早熟早收是不容忽视的措施），防治好病虫害（间作可以减少一些病虫害，也可能增添或加重某些病虫害，对所发生的病虫害，要对症下药，认真防治，否则病虫害的发生要比单作田更加严重）。

第二节　林下生态绿色种养技术模式

我国是一个多山地国家，70%以上是山地，56%的人口生活在山区，全国2 100多个县市中有1 500多个在山区。林地是山区群众经营和依托的主要生产资料，是国家生态的保障，也是农民增收和林区发展的出路。

改革开放以来，我国相继启动了17项林业重点工程，有力地推动了造林绿化事业的发展。国务院批准实施的"六大林业重点工程"是对我国林业建设工程的系统整合，也是对林业生产力布局的一次战略性调整，六大林业重点工程建成后，我国生态面貌有了根本性改观。其中，尤以"退耕还林工程"涉及面最广、影响力最大，被广大干部群众誉为"德政工程""民心工程"。

林下经济自21世纪初开始在我国兴起，随着林下经济活动成就的取得，林下经济得到社会的普遍重视。在各地政府、主管部门、科研人员和农林业从业者等多方力量的推动下，林下经济在全国范围内得以迅速发展，成为与传统林业和现代农业并存的林业发展形式。可以说，林下经济已经成为当代林业发展的主流形式之一。

一、林下经济的含义

林下经济，主要是指以林地资源和森林生态环境为依托，发展起来的林下种植业、养殖业、采集业和森林旅游业，既包括林下产业，也包括林中产业，还包括林上产业。

林下经济是在集体林权制度改革后，集体林地承包到户，农民充分利用林地，实现不砍树也能致富，科学经营林地，而在农业生产领域涌现的新生事物。它是充分利用林下土地资源和林荫优势从事林下种植、养殖等立体复合生产经营，从而使农林牧各业实现资源共享、优势互补、循环相生、协调发展的生态农业模式。

发展林下经济是巩固集体林权制度改革成果、促进绿色增长的迫切需要，是提高林地产出、增加农民收入的有效途径，已经取得明显成效。要认真总结经验，科学谋划，加强引导，积极扶持，进一步加快发展步伐，确保农民不砍树也能致富，实现生态受保护、农民得实惠的改革目标。林下经济投入少、见效快、易操作、潜力大。发展林下经济，对缩短林业经济周期，增加林业附加值，促进林业可持续发展，开辟农民增收渠道，发展循环经济，巩固生态建设成果，都具有重要意义。可以说，发展林下经济让大地增绿、农民增收、企业增效、财政增源。十年树木是林业生产的基本特征。相对漫长的林木生产周期，对林业发展以及林改后农民发家致富是一个重要的制约因素。只有让林地早点下"金蛋"，才能更好地促进林业生态建设及产业发展，才能更好地以良好的经济效益巩固林改成果，在兴林中富民，在富民中兴林。

林下经济主要分为林下种植、林下养殖、相关林下经济林产品采集加工和森林康养四大类型。具体分类如下。①林下种植：包括在林下种植菌类、果蔬、花卉、茶叶、农作物等及其产品初级加工。②林下养殖：包括林下家畜饲养（鸡、鸭、鹅）、牲畜饲养（猪、牛、羊等）、鱼、虾、蟹、蛙类等及其林下经济产品的初级加工。③相关林下经济产品的采集加工：包括油茶籽、蘑菇、松脂、野生中药材、竹笋等林下经济作物的采集及其产品初级加工。④森林景观利用：包括森林人家、森林康养旅游、林下经济生态文化精品旅游等，以及"吃、住、行、游、购、玩"等绿色旅游产业，自然教育等新兴产业。

林下经济的发展和变革一直受到树木缓慢生长周期的制约，而林下经济有迅速、高效、便捷的特点，可以为林下经济循环发展提速增效，有效为林农增加收入，有效落实集体林权制度的变化和改革，打赢蓝天保卫战，助力满足人民日益增长的对美好生活的需求。可以说发展林下经济是让生态更加环保、农民收入更加丰厚、企业效能更加提升、财政收入更加丰富的重要途径。

林下经济具有生产成本低、成效明显、易于实际操作、发展空间巨大的几个特点。发展林下经济，有利于提升经济收益，缩短发展经济整个周期，推动林下经济的可持续发展，大幅提升农民收入，维护生态环境。通过更快推进林下经济发展，可以促使在相对较长的林木生长周期更好地推动森林资源的利用，更好地实现还林于民、藏富于民的发展规划。

二、林下经济的特点

在生态特征方面，林下经济的生态特征主要包括复合结构、耐阴性、共生性、半野生性等方面。

（1）复合结构是最突出的特征。林下经济一般存在物种、空间、时间、营养四种结构，它们之间能否合理、协调是促进林下经济发展和提高发展效益的根本所在，若要林下经济合理高效的发展产生效益，必须理顺这四种结构之间的关系，做到理性调控林下复杂的复合结构，促进林下经济的可持续发展。

（2）耐阴性。林分郁闭度一般较高，受林分环境的影响，一般的林下经济发展的植物多具有很好的耐阴性。耐阴性是指植物忍耐庇荫的能力，即在庇荫条件下，完成其正常生长发育的能力，这是一种遗传特性，因植物品种不同而有差异，是植物的一项重要生长特性，对植物的生长有着十分重要的作用。

（3）共生性。一般林下经济系统多存在两种以上物种，而在地球的生态系统中，物种之间往往存在着共生、互生和抗生的关系，不同物种之间和谐共存是自然生态系统稳定存在的根本所在，也是充分利用自然资源的基础。例如豆科植物的固氮作用。

（4）半野生性。林下经济系统是人类设计和建设的人工生态经济系统，除了受生态环境的影响，还受人为因素的影响，而且人为因素的影响往往更大，因此具有半野生性。

在生产特征方面，主要体现为劳动密集型和技术密集型共存。

首先，林下经济是劳动密集型产业。目前，林下经济中相当部分劳动仍无法完全被技术取代，在广大农村地区还存在着成本相对低廉的基数很大的劳动力，在这些地区使用劳动的成本往往低于使用技术的成本，尤其是目前多数农林产品因为其特殊性不能采用机械作业，为了满足市场需求，必须采用人工作业方式。林下经济涵盖了广阔的农村地区和城市两大地域，全国各地林地资源特别是可利用的林下空间资源分布广泛，蕴藏着十分巨大的产业价值，遍及全国广大农村地区，覆盖千家万户。劳动密集型是当前林下经济产业的显著特点，有利于带动农民就业，促进脱贫攻坚。

其次，林下经济是技术密集型产业。林下经济源于农林复合经营，逐步发展成为新兴产业，在林下经济的快速发展过程中，新技术、新品种和科技支撑起到了非常重要的作用。目前发展的现代林下经济在高新技术成果运用上已愈来愈广泛和成熟，新技术往往能以很快的速度融入产业发展当中，使得林下经济有很高的土地利用率和生产效益，生产成本得到有效控制，现代林下经济正逐步发展为高效益的产业化、市场化农林业，由此产生的效益和利润，为实施乡村振兴战略提供资金支持，同时也有了对技术研发创新更多的资金支持，促进了产业发展和技术进步的良性循环。

在经济特征方面，主要体现为林下经济是生态—循环—立体型经济。林下经济是一种循环经济，林下复合系统不仅使不同物种之间和谐共存，也促进了物种间结构的优化和互生，使得整个系统的效益最佳，保证了经济的发展，也在很大程度上改善了自然环境。

首先，林下经济扩大了林业产业的范围和维度，把原来单一的传统林业产业发展到综合利用林下土地和林下空间乃至林木树体的多维立体产业经济结构，不仅缓解了部分地区农田紧张的态势，更使得有限的林地资源得到了全方位的充分利用，大大提高了林地资源的本身价值，实现了生态、经济、社会效益多赢的形式。

其次，林下经济是可持续富民经济。从产业效益来看，和传统的林业生产相比较，这种经济系统成本低、见效快，可以很好地起到以短养长的作用，进一步降低传统林业生产见效慢、投资大等风险，以林下经济产业收益促进林业生产持续和扩大，进一步推动整体林业产业的发展，做到持续增收富民。

再次，林下经济是资源利用率高的多产业结构模式。林下经济的发展，对当前林业资源的开发、生产生态产品、绿色产品，促进地方经济的可持续发展，具有十分重要的现实意义。林下经济的产品包括农产品、林产品、牧产品、旅游产品、清洁能源产品等，由传统的农业或林业生产模式转变为多种产业结构模式相融合的新型产业形态，大大促进农村经济和产业结构的优化调整，拓宽了农民的增收渠道，提高了收入水平，有力地促进了农村产业振兴，搞活了地方经济发展。林下经济的产品类型丰富多样，具有很强的市场经济竞争力，满足了广大消费者对生态产品的需求。

最后，林下经济是环境友好型经济。因为林下环境贴近自然的生产方式，使林下产品具有较高的绿色、环保、自然、无公害指数，已成为生态产业的重要组成部分。另外，林下养殖把畜禽养殖由村内转移到林间，可改变人畜混居的传统生产、生活方式，可有效减少病菌传染，改善居住环境，美化村容村貌，对不断提高农民生活质量、建设美好乡村将起到重要的促进作用。

三、林下经济的发展原则

坚持生态优先，确保生态环境得到保护；坚持因地制宜，确保林下经济发展符合实际；坚持政策扶持，确保农民得到实惠；坚持机制创新，确保林地综合生产效益得到持续提高。

四、林下经济的发展模式

林下经济是一种循环经济。它是以林地资源为依托，以科技为支撑，充分利用林下自然条件，选择适合林下生长的微生物（菌类）和动植物种类，进行合理种植、养殖，以构建稳定的生态系统，达到林地生物多样性，从而成为农村经济新的增长点，为农民增收致富开辟一条新路子。当前，林下经济发展迅速，主要模式有以下几种。

（一）林下高效绿色种植模式

1. 林药模式

林药模式应该算是一种比较常见的模式，人们通过在人工林、防护林、天然林、次生林中间作，不但可以保护生态，还可以获得很好的经济效益。比如在林下种植龙胆草、柴胡、黄芩、人参、蒲公英、地榆、萱草、石松、银线草、荨麻等，不同的林类，可以发展不同的间作模式，都会取得不错的效果。

2. 林粮模式

林粮模式也是林下经济中的重要模式，生产出来的农产品备受人们喜爱，其前景比较广阔，经济效益也非常可观。比如林下种大豆、花生、红小豆、大蒜等，通过在不同林分中根据农作物的特性选择不同的种植模式，完全可以实现"双丰收"，如在果园中种植大蒜等。

3. 林草模式

林草模式的类型也比较多，如在杨树、柳树、刺槐、果树林中种植苜蓿等。比较适合在林下种植的草本品种有红三叶、苜蓿、草木樨、红豆草、紫穗槐、白三叶、黑麦草、稗谷、齿缘苦荬菜、无芒雀麦等。这种模式在林业上称为林草混交、林草间作，是一种"以短养长"的模式。

4. 林果模式

林果模式对林分的选择比较重要，一般需要在郁闭度 0.5 左右的林间空地，或者采伐迹地种植，主要有林下种植猕猴桃、野葡萄等模式。

5. 林花模式

花卉主要有草本花卉和木本花卉，一般是在稀疏的林地中种植木本花卉，在密度较大的森林或者果园中种植草本花卉。较为适宜林下种植的花卉有百合属、水仙类、白头翁、秃疮花、米口袋、金莲花、石竹、侧金盏、荷包牡丹、芍药、玉簪等。

6. 林菌模式

这种模式也比较多见，因为在森林中，不经人工培育，依然有很多菌类物生长，常有"森林之中遍地宝，就看你爱不爱去找"的说法，多数都说的是林中菌类，如松树菌等。适合人工栽培的菌类就多达 20 多种，如香菇、平菇、猴头菇、金针菇、竹荪、灵芝等，所以林菌模式的经济效益也非常可观。

> **实际案例**
>
> **河北遵化发展板栗林下经济助增收**
>
> 河北省遵化市有30多万亩板栗树,农民在板栗林下抓紧开展间作药材、秋粮作物锄草和栗蘑管护等农事活动。近年来,遵化市在做好栗树果园管护的同时,开发利用林下土地,拓展农民增收渠道。遵化市西下营满族乡西沟村村民刘福印说,"以前光种植板栗,每亩地大概能收入3 000余元,现在提倡发展林下经济以后,我就在板栗树下种下了栗蘑,每亩地能增收4万到5万块钱"。

7. 林菜模式

林菜模式是在林下种植芥菜、黄瓜、龙牙葱、大叶芹等模式,这种模式也是一种经济效益较高的模式。

8. 林油模式

这种模式主要是在林下种植油茶、花生、大豆等油料作物,这些油料作物除了油茶外,都是浅根作物,具有固氮根瘤菌,不与林木争肥争水,且又覆盖地表,能够防止水土流失,提高土壤肥力,但树冠太大时不宜间作此类作物。

(二) 林下高效绿色养殖模式

林下养殖模式有多种,如林禽模式、林下特种经济动物模式。

1. 林禽模式

林禽模式可以实现种植、养殖在一个系统的不同空间的安排,在增加生物种群和个体数目的同时,还可以利用林地、水分等资源,在林下养殖,对提高林地的土壤肥力和防治虫害有很大的作用。林禽模式主要有林下养土鸡、林下养笨鹅等模式。林禽模式算是较为常见的模式,主要原因是成本低,易操作。

特种禽类，是指那些被驯化成功但还未被广泛养殖，国家尚未认定为家禽，也或者是有待驯化的野生动物。现在很多特种禽类养殖都是圈养，如发展成为林下养殖，将会是一项特别适合农村养殖户通过养殖致富的实用技术，也具有成本低、易操作等特点。

2. 林下特种经济动物模式

特种经济动物主要有蚯蚓、林蛙、蚂蚱、蚱蝉、蜜蜂等，这些特种经济动物具有较高的经济价值和营养价值，现在也备受人们追捧。发展林下特种经济动物养殖既可以保护生物多样性，也可以优化畜牧业生产结构，发展农村经济，丰富市场供应，增加林农收入。

实际上，林下经济发展的模式并不止这几类，还有很多需要在实践中去探索，相信林地这个"土地巨头"，将会带来可观的经济效益。

五、发展林下经济的重要意义

2018年，中国林学会颁布《林下经济术语》，对林下经济作了明确定义，林下经济是指依托森林、林地及其生态环境，遵循可持续经营原则，以开展复合经营为主要特征的生态友好型经济，包括林下种植、林下养殖、相关产品采集加工、森林景观利用等。其中，林下种植是利用林荫下光线弱、湿度大、氧气足的特殊环境，选择适生品种进行种植，主要有林菌模式、林药模式、林菜模式等；林下养殖是依托林地资源发展立体、高效、生态循环养殖，主要有林禽模式、林畜模式、林蚓模式；发展林下产品加工可以有效拉长林下经济产业链条，充分拓展林下经济发展空间；森林景观利用是指依托森林风景资源进行形式多样的休闲旅游度假活动。

（一）发展林下经济是守好发展和生态两条底线的重要途径

党的十八大把生态文明建设纳入中国特色社会主义事业"五位一体"总体布局，明确提出大力推进生态文明建设，努力建设美丽中国，实现中华民族永续发展。发展和生态是须臾不能松劲的两件大事。发展是解决中国所有问题的总钥匙，不发展，就业和收入就上不去，深化改革、调整结构就缺乏力度，社会稳定就可能出状况。所以，无论过去还是现在，保持一定发展速度，防止滑出合理区间，都是我们必须要守住的底线。生态底线同样重要，尤其在当前，环境承载能力已经达到或接近临界点，即便再压一根"稻草"，都有动摇经济增长根基之虞，人民群众也不会答应。林下经济作为一种绿色产业，具有不采伐木材、发展模式多样的特点，既能充分利用森林资源和林下空间，又能加强森林资源保护，实现生态效益和经济效益双赢。在充分保护森林资源的基础上，大力发展林下产业，已成为牢牢守好发展和生态两条底线的重要途径。

（二）发展林下经济是新阶段高质量发展的现实需要

党的十九届五中全会提出，全面建成小康社会、实现第一个百年奋斗目标之后，要乘势而上开启全面建设社会主义现代化国家新征程、向第二个百年奋斗目标进军，这标志着我国进入了新发展阶段。新发展阶段的主题是实现高质量发展，要求我们转变发展方式、优化经济结构、转换增长动力。林下经济属于生态低碳循环经济，是绿色、可持续的经济发展模式。林下种植可以进一步巩固水土。林下养殖可以实现资源循环利用，使农、林、牧业实现共生共荣、生态和谐。林下经济生产的产品是绿色产品，增加的是绿色GDP，实现的是绿色增长，完全符合高质量发展要求。

（三）发展林下经济是拓展林业发展空间的必然选择

2020年9月、11月，国务院相继出台了关于坚决制止耕地"非农化"、防止耕地"非粮化"的文件，严禁违规使用耕地进行造林绿化，林业发展空间尤其是增量空间受到了一定限制。在国家严控耕地"非农化""非粮化"的大背景下，如何持续推进林业高质量发展是我们必须面对的新课题。林下经济发展途径多元，充分利用现有林下空间发展林下产业，既包含林下种植、林下养殖等方式，又可以发展林间产品采集加工、森林旅游康养等业态，有助于创新林业发展模式，有效拓展林业发展空间，切实解决林业发展面临的瓶颈制约。

（四）发展林下经济是促农增收助力乡村振兴的有效抓手

林下经济具有生产周期短、见效快的优势，可以"以短养长"，快速实现经济收益，使林地短期、中期、长期效益协调互补，在保就业、惠民生、增收入方面能发挥重要作用。特别是对于森林资源丰富的地区，林地是农民重要的生产资料和生活保障，靠山吃山，利用广阔的林下空间发展林下经济，可以不断提升农民收入，守住不发生规模性返贫现象的底线，助力乡村振兴。

六、发展林下经济的建议

（一）出台扶持政策，支持产业发展

林下经济是一种实现资源共享、优势互补、循环相生、协调发展的生态林业模式，对缩短林业经济周期，增加产业附加值，巩固生态建设成果具有重要意义。同时，发展林下经济也是解决"三农"问题和增加农民收入的重要途径。建议各级政府围绕林下经济生产、流通、销售、精深加工等环节，积极制订出台支持林下经济发展的实施意见和政策，明确扶持措施，加大资金投入，全方位、全过程助推林下经济发展。

（二）着力培育典型，带动产业发展

典型最有说服力，典型最具带动性。建议各级政府按照适地适树、适林适业的原则，选择小气候优越、土壤肥沃、水源条件较好、交通比较便利的地段，培育打造一批高标准的林下经济示范基地，通过培育典型、示范带动、以点促面，带动林下经济产业高质量发展。

(三)加强品牌宣传,助推产业发展

建议围绕林菌、林药、林下养殖等林下经济主导产业,支持有关企业和合作社积极开展绿色食品、森林食品、地理标志产品的创建和认证工作,逐步把各种类型的林下特色产业打造成林下经济名牌产品。同时,充分利用各种媒体和网站,各种形式的农事活动、交易会、展销会、博览会,广泛宣传推介林下特色产品,扩大林下经济特色品牌的知名度和影响力。

第三节 作物轮作绿色高效技术模式

一、作物轮作的含义

轮作指在同一田块上有顺序地在季节间和年度间轮换种植不同作物或复种组合的种植方式。如一年一熟的大豆→小麦→玉米三年轮作,这是在年间进行的单一作物的轮作;在一年多熟条件下既有年间的轮作,也有年内的换茬,如南方的绿肥→水稻→水稻→油菜→水稻→小麦→水稻→水稻轮作,这种轮作由不同的复种方式组成,因此,也称为复种轮作。轮作的命名决定于该轮作中的主要作物构成,被命名的作物群应占轮作区的 1/3 以上。常见的有禾谷类轮作、禾豆轮作、粮食和经济作物轮作、水旱轮作、草田轮作等。

轮作的意义简单来说,包括以下几点。

(1)平衡土壤养分。土壤中有大量养分和中微量元素。不同作物对于土壤中养分的需求是不同的,吸收的元素也不同。不同植物吸收养分不同,消耗了土壤中不同的元素,因此两类作物轮换种植,可保证土壤养分的均衡利用,避免片面消耗某一种元素,从而达到土壤的营养元

素趋于平衡。

（2）防治土传病害。农作物的较多病害是通过土壤侵染传播的，称为土传病害。土传病害的病原体会在土壤中大量繁殖，在各种条件适宜的情况下，进行侵害传播引起发病。因此将不同类的作物实行轮作，可减少这种病菌在土壤中的基数，减轻病害。

（3）调节土壤肥力。禾本科作物有庞大根群，可疏松土壤，改善土壤结构。油料作物可直接增加土壤有机质来源，具有固氮的作用，从而提高土壤肥力。

二、作物轮作的分类

（一）异科作物轮作

同科作物不仅生理特性相似，对营养元素的需求也基本一致，且病虫可以相互传染，因此，同科作物的不同品种轮作，难以达到轮作目的，应实行异科作物轮作。不易互相传染病虫的作物宜实行轮作。例如，十字花科作物与豆科作物或禾本科作物的病虫害一般不互相传染，宜进行轮作，但个别不同科的作物之间也能传染病虫害，应避免轮作。所需营养元素不同的作物轮作，如固氮作物与需氮量较多的作物轮作，喜酸作物与喜碱作物轮作，可调剂养分余缺，起到养分互补的作用。

（二）实行水旱轮作

实行水旱轮作是最理想的轮作方式，它不仅消灭了寄主，恶化病虫发生条件，大大减轻病虫蔓延为害，而且可以改善土壤结构和理化性状，为水旱作物创造了高产条件。例如，水稻与豆科作物或瓜类作物轮作，不仅病害发生减轻，且植株生长健壮，产量可提高10%~20%。

作物轮作还应根据市场需要，结合土质、气候、肥料和农作物品种，因地制宜，合理安排，以便充分利用地力，提高农作物的产量和品质。

三、作物轮作的模式

（一）菌稻轮作

菌稻轮作优质高效生产模式是在种植一季水稻后，再在水稻田上种植食用菌，然后将出完菇的菌棒作为肥料还田种植水稻的一种种植模式。

（二）瓜菜轮作

上半年种植西瓜，下半年种植豌豆尖、莴笋、白菜、番茄、辣椒等蔬菜。

（三）玉米大豆轮作换茬

玉米大豆是最理想的轮作伙伴，种植禾谷类作物对氮和硅的吸收量较多，而对钙的吸收量较少。豆科作物吸收大量的钙，而吸收硅的数量极少。玉米大豆轮作可保证土壤养分的均衡利用，避免其片面消耗。而且种植玉米和种植大豆的效益相当，玉米价格下滑，可以用大豆来弥补损失。

（四）水稻番红花轮作

藏红花是一种名贵的药材，是番红花花柱的上部及柱头，市场需求大，价格高。种植番红花对于土壤要求很高，种在旱地里病菌较多。种过水稻的田地，能降低病害的发生。而且番红花的种植时间是11月底，第二年的5月挖出，时间正好适合种植水稻。

（五）莴苣养虾轮作

在养殖南美白对虾的池塘里种植菱角、莲藕等蔬菜。

四、作物轮作的优势和长期连作的劣势

（一）合理轮作的优势

1. 防治病、虫、草害

作物的许多病害，如烟草黑胫病、蚕豆根腐病、甜菜褐斑病、西瓜蔓枯病等都通过土壤侵染。如将感病的寄主作物与非寄主作物实行轮作，便可消灭或减少这种病菌在土壤中的数量，减轻病害。对为害作物根部的线虫，轮作不感虫的作物后，可使其在土壤中的虫卵减少，减轻为害。

合理的轮作也是综合防除杂草的重要途径。不同作物栽培过程中所运用的不同农业措施，对田间杂草有不同的抑制和防除作用。如密植的谷类作物，封垄后对一些杂草有抑制作用。玉米、棉花等中耕作物，中耕时有灭草作用。一些伴生或寄生性杂草如小麦田间的燕麦草、豆科作物田间的菟丝子，轮作后由于失去了伴生作物或寄主，能被消灭或抑制为害。水旱轮作可在旱种的情况下抑制杂草，且在淹水情况下使一些旱生型杂草丧失发芽能力。

2. 均衡利用土壤养分

各种作物从土壤中吸收养分的数量和比例各不相同。如禾谷类作物对氮和硅的吸收量较多，而对钙的吸收量较少。豆科作物吸收大量的钙，而吸收硅的数量极少。因此两类作物轮换种植，可保证土壤养分的均衡利用，避免其片面消耗。

3. 调节土壤肥力

谷类作物和多年生牧草有庞大根群，可疏松土壤、改善土壤结构。绿肥作物和油料作物轮作，可直接增加土壤有机质来源。

另外，轮作根系长度不同的作物，深根作物可以利用浅根作物溶脱而向下层移动的养分，并把深层土壤的养分吸收转移上来，残留在根系

密集的耕作层。同时轮作可借根瘤菌的固氮作用,补充土壤氮素,如花生和大豆每亩可固氮6~8千克,多年生豆科牧草固氮的数量更多。

水旱轮作还可改变土壤的生态环境,增加水田土壤的非毛管孔隙,提高氧化还原电位,有利土壤通气和有机质分解,消除土壤中的有毒物质,防止土壤次生潜育化过程,并可促进土壤有益微生物的繁殖。

(二) 长期连作的劣势

1. 土壤质量下降

(1) 氮、磷、钾含量降低。作物在生长过程中需要吸收土壤中的氮、磷、钾等营养元素,但长期连作会使得土壤中这些元素的含量逐渐减少,导致养分缺乏,作物生长缓慢、产量减少。

(2) 土壤酸碱度变化。长期连作会影响土壤的酸碱度,使得土壤变得越来越酸,而某些作物喜碱性土壤,因此长期连作会导致这些作物生长条件劣化。

(3) 有机质含量降低。长期连作使得土壤中的有机质含量下降,导致土壤结构变得紧密,水分渗透性和通气性变差,影响作物生长。

(4) 微生物数量减少。土壤中的微生物对于作物生长十分重要,它们能够分解有机物质、促进养分循环等。长期连作会导致土壤中微生物数量减少,从而影响作物生长。

2. 土壤病害易发生

(1) 病原菌数量增加。长期连作会使得土壤中某些病原菌的数量逐渐积累。在连续种植同一种或同一类作物的情况下,某些病原菌的寄主植物持续存在,其残体、根系分泌物等为病原菌生长繁殖提供条件,从而导致其数量逐渐增加。这些病原菌可能包括各种真菌、细菌和病毒等微生物,为作物病害的发生提供了基础条件。

(2) 土壤抗病能力降低。长期连作会降低土壤的抗病能力。正常情况下,土壤中存在着大量有益微生物,如枯草芽孢杆菌、放线菌等,它们对一些病原菌有一定的拮抗作用,保持了土壤的相对健康状态。然而，长期连作导致土壤中这些有益微生物的数量减少，抑制了它们对病原菌的控制作用，从而降低了土壤的整体抗病能力。此外，连作作物的残体和根系分泌的化学物质也会对土壤微生物群落产生负面影响，进一步削弱了土壤的抗病能力。

（3）病害发生率增加。长期连作会增加某些病害的发生率。由于土壤中病原菌数量的增加以及土壤抗病能力的降低，使得某些病害的发生率明显增加。这些病害如根腐病、叶斑病等，在长期连作的土壤中更容易发生。当作物长期在这样的土壤中生长时，容易受到这些病害的侵害，导致作物生长受阻、产量下降甚至死亡。

3. 土壤结构恶化

（1）土壤结构紧密。长期连作使土壤中的细小颗粒逐渐聚集在一起，形成了紧密的土壤结构。这种结构紧密性会导致土壤孔隙度减少，影响土壤的贮水能力和通气性。当土壤结构紧密时，水分无法充分渗透入土壤中，而是在土壤表面滞留，造成了水分的积涝和排水不畅。此外，紧密的土壤结构还会限制植物根系的生长和发育，进一步影响作物的水分和养分吸收。

（2）水分渗透性降低。长期连作导致土壤结构紧密化，使得土壤的水分渗透性明显降低。土壤中的微孔隙和毛细孔隙被填塞，水分无法顺利渗透到土壤深层，导致水分在土壤表层滞留。这不仅增加了土壤表层的湿度，容易引发病害问题，还限制了植物根系向下生长，影响作物的根系发育和水分的吸收。

（3）通气性变差。长期连作引起的土壤结构紧密化会导致土壤通气性变差。紧密的土壤结构会减少土壤中的气孔数量和大小，限制土壤中氧气和二氧化碳的交换。这使得土壤中的氧气含量下降，二氧化碳难以排出，影响植物的呼吸作用和根系的正常生长。缺氧环境还会导致有益微生物的数量减少，降低土壤的生物活性，进一步影响养分的供应和作物的生长发育。

4. 作物产量减少和品质下降

（1）产量减少。长期连作导致土壤中的养分不平衡，一些病虫害和土壤传播的病原菌也会逐渐增多，导致产量减少。此外，长期连作还会使土壤结构紧密化，水分渗透性降低，影响作物的根系发育和水分吸收能力，进而导致产量下降。

（2）品质下降。长期连作会导致土壤中养分的不均衡，特定养分的供应不足或过剩，从而影响作物的生长和品质。例如，连续种植同一种作物可能会导致某些养分的耗竭和其他养分的积累。这种养分失衡会影响作物的营养成分含量和品质，使其失去原有的营养价值和口感。品质下降不仅影响作物的销售和市场竞争力，还可能降低消费者对该作物的偏好程度。

五、作物轮作的政策支持

尽管我国粮食产量连年增长，但不可否认，我国农业发展方式较为粗放，农业资源过度开发、农业投入品过量使用、地下水超采以及农业内外源污染相互叠加等带来的一系列问题日益凸显，基于此，农业可持续发展面临重大挑战。加快转变农业发展方式，推进生态修复治理，促进农业可持续发展成为必然选择。

耕地的轮作休耕作为我国耕地保护众多手段中的重要组成部分，当前乃至将来或将发挥重要且积极的作用。从制度本身而言，轮作与休耕是利用种植物本身特点对耕地土壤形成修复，同时兼顾了必要的农业生产需求，相较于土地撂荒和土壤治理而言更具可操作性。

此外，随着轮作与休耕规模的不断扩大，我国提升土壤污染防治能力也将有所增加。可以说，耕地保护与自然资源环境的整体好转关系密切，随着一系列措施的推进落实，我国耕地也有望在数量、质量和生态三方面共同向好，继而实现耕地保护对于粮食生产的关键意义。尽可能增加有效的耕地面积，是推进我国农业现代化、提高我国农业竞争力的基本手段。但应该予以强调的是，这一前提是以存量耕地的农业生产能力经由土壤修复等科学手段得以提升的，还必须理顺土地管理体制，以及保护耕地与城镇化之间的关系，同时，必要的土地资源预警机制也必不可少。只有如此，才能在确保因地制宜增加耕地规模的同时，提升粮食产量。

第四节 废弃物资源化利用技术模式

农业废弃物是指农业生产中产生的各种剩余物质，如作物秸秆、畜禽粪便等。这些废弃物在传统农业生产中被视为无用之物，往往被堆积起来或直接处理掉，对环境造成了污染。然而，随着资源的日益稀缺和环境问题的日益严重，农业废弃物的资源化利用成为迫切需要解决的问题。

农业废弃物资源化利用是改善环境污染、发展循环经济、实现农业可持续发展的有效途径。通过将农业废弃物转化为能源或肥料，可以减少环境污染，如通过生物质能源技术将农业废弃物转化为生物燃料，或通过堆肥和发酵技术将废弃物转化为有机肥料，从而减少化肥的使用，降低农业生产对环境的影响。农业废弃物资源化利用有助于实现资源的循环使用，减少对自然资源的依赖，推动新能源和可再生能源的发展。还可以利用农业废弃物进行食用菌培育、蚯蚓养殖等，不仅可以增加农民收入，还可以节约土地资源，提高土壤肥力和保水能力，从而促进农业的可持续发展。

一、农作物秸秆综合利用

秸秆资源化利用方式多种多样，其中秸秆肥料化、饲料化、原料化、燃料化、基料化这五种方式是主要的秸秆利用方向。

(一) 秸秆的肥料化

秸秆的肥料化是将秸秆转化为肥料的过程,这样可以循环利用农业废弃物,提高土壤肥力,减少环境污染。秸秆中含有大量的有机物质和养分,适当的处理和转化,可以成为优质的有机肥料。秸秆的肥料化以粉碎还田为主,兼有覆盖还田、牲口过腹还田、生物腐熟还田、厌氧发酵有机肥等方式。秸秆还田能显著改善土壤酸化、有机碳含量和养分储备,保持温度、水分等性能,增加作物产量和 CO_2、CH_4、N_2O 等温室气体的排放。

1. 秸秆直接还田

秸秆直接还田是指将农作物收获后的秸秆留在田地中,不经过焚烧或其他转化处理,直接利用于土壤的一种做法。根据不同的地理环境、作物种类和具体操作方式,秸秆直接还田可以分为多种模式。

(1) 粉碎翻压还田。这是最常见的方式之一,将秸秆机械粉碎后,再通过翻压机将其翻入土壤中。这种方式适合于大部分农区,尤其是机械化程度较高的地区。

(2) 留高茬还田。收获作物时,故意留下一定高度的秸秆茬口,让秸秆在田中自然分解。这种方式适合于小麦、玉米等作物。

(3) 覆盖还田。将整株或粉碎后的秸秆直接覆盖在土壤表面,不进行翻压,主要用于保水和减少水土流失。

(4) 堆沤还田。将秸秆集中堆放,加入腐熟剂或动物粪便加速分解,之后再还田。这种方式适用于秸秆量较大的情况。

(5) 生物炭还田。通过特殊的处理将秸秆转化为生物炭,再将其施入土壤中,这种方式可以改善土壤结构,增加土壤碳含量。

(6) 绿肥还田。将秸秆直接作为绿肥,即在播种作物前,将秸秆撒在田地里,由微生物分解,提升土壤肥力。

这些模式在不同地区根据具体的气候条件、作物种植结构和农业技术水平会有所调整。例如，东北地区由于气候寒冷，种植制度多为一年一熟，适合采用玉米、水稻、大豆秸秆粉碎翻压还田的模式。华北地区种植制度较为多样，除了粉碎翻压还田外，小麦留高茬免耕覆盖还田也是一种常见模式。华南地区气候温暖，适合水稻秸秆还田技术模式。为了推动秸秆还田工作，国家和地方各级政府正通过制定相关政策、提供技术支持、加大推广力度等方式，促进农业绿色低碳发展和资源循环利用。

在生态循环农业的框架下，秸秆直接还田体现了几个关键的生态和环保原则，其中包括资源循环利用原则、减少环境污染原则、生态保护原则、促进农业可持续发展原则。原则的核心理念是最大限度地减少农业活动中资源的浪费和环境的负面影响，通过循环利用农业废弃物和资源，实现农业生产的生态平衡。因此，秸秆直接还田不仅是循环农业实践中的一个具体措施，也是实现农业绿色发展和资源高效利用的关键路径之一。通过这种做法，可以有效地将农业废弃物转化为宝贵的资源，同时减少对环境的负担，推动农业向更加生态、可持续的方向发展。

2. 秸秆间接还田

秸秆间接还田生产有机肥的模式主要有以下几种。

堆肥：将秸秆、家畜粪便、厨余垃圾等有机废弃物进行混合，在适当的温度、湿度和微生物作用下进行发酵分解，转化为有机肥料。堆肥可以提高土壤肥力，改善土壤结构，还可以减少环境污染。

沼气发酵：将秸秆、家畜粪便、蔬菜水果废弃物等放入沼气池中，在无氧的环境下，通过微生物的作用，将有机物转化为沼气。沼气可以作为能源使用，沼液、沼渣可以作为有机肥料施用。

绿肥：将秸秆作为绿肥，在作物生长期间，与作物共同生长，通过吸收土壤中的养分，提高土壤肥力。秸秆绿肥可以促进土壤微生物活性，增加土壤有机质含量，改善土壤结构。

有机肥料生产：将秸秆、家畜粪便、厨余垃圾等有机废弃物经过高温堆肥、厌氧发酵等工艺处理，转化为有机肥料。有机肥料可以提供作物生长所需的养分，改善土壤结构，提高土壤肥力。

在实际生产过程中，因地制宜地将以上几种模式根据实际情况进行选择和组合，以达到最佳的还田效果。此种方式具有较高的经济效益，还可有效提高秸秆的利用价值。此外，利用间接还田技术将秸秆粉碎、氨化，进行还田处理，待秸秆进入土壤后，可与土壤改良剂混合使用，以此来改善土壤板结、流失等问题。总而言之，通过间接还田转化技术，可对土壤进行有效改良，对提高秸秆在土壤内部的转化率具有至关重要的作用。

在应用不同秸秆还田技术时，虽然每项技术都具有优化土壤环境、改善土壤条件的效果，但是各项技术在实施过程中，也存在显著差异性。将秸秆发酵成有机肥是一种有效的利用方式，不仅有助于减少农业废弃物，还可以为土壤提供养分，改善土壤结构，提高农作物产量。下面将深入探讨秸秆发酵成有机肥的方法、优势和应用，以帮助农民和农业从业者更好地利用这一资源。为了确保有机肥料的质量，需要对生产工艺进行严格控制，并进行科学的施肥管理。

间接还田生产有机肥的工艺包括以下几个步骤。

（1）收集废弃物。需要收集适量的秸秆、家畜粪便、污泥、城市垃圾等有机废弃物。

（2）堆放。将收集到的废弃物堆放在一个适当的场所，并进行适当的覆盖，以保持适当的湿度和温度。

（3）混合。将收集到的废弃物进行混合，以促进微生物的分解和发酵。

（4）发酵。在微生物的作用下，废弃物会发生分解和发酵，生成有机肥料。在发酵过程中，需要注意保持适宜的湿度、通气和温度。

（5）存储和施用。有机肥料生成后，需要进行适当的存储和施用，以避免污染和损失。有机肥料可以施于农田中，为作物提供养分，促进作物生长。

（6）管理和维护。在有机肥料的施用过程中，需要进行适当的施肥管理，以保持土壤肥力，促进作物的健康生长。同时，还需要定期监测土壤质量，及时调整施肥方案。

以上是间接还田生产有机肥的基本工艺，具体操作需要根据实际情况进行调整和优化。同时，为了促进有机肥料的生产和应用，政府可以通过政策支持和推广宣传等方式，促进农业绿色低碳发展和资源循环利用。应用秸秆还田技术与肥料化利用技术，不仅符合当今时代的发展需求，还可在保障生态环境的基础上，为农业种植提供良好的技术支持。尤其是近几年农业发展趋势良好，农作物种类及种植范围也随之增加，在此过程中，秸秆产量必然会增加。但秸秆的不合理利用以及化肥过量施用，也会对土壤环境造成严重威胁。综上，通过秸秆间接还田及肥料化利用技术，对推进乡村振兴有着非常重要的意义。

（二）秸秆的饲料化

中国是一个农业大国，秸秆资源丰富。在禁止放牧和家养饲养的条件下，饲料最主要的来源就是秸秆。但饲料用秸秆质地厚硬，直接饲喂具有诸多缺点，如适口性差、采食量低、消化率低、营养价值低等。这些缺点导致秸秆的生物利用度不高，造成资源的严重浪费。随着我国饲料加工技术的发展，秸秆饲喂设备的开发和应用，使秸秆的利用率大大提高，可以有效解决人畜争食的问题。因此，农作物秸秆的饲料化利用是一项利国利民的工程，具有重要的现实意义和社会效益。2023年中央一号文件明确提出，要大力发展青贮饲料，加快推进秸秆养畜，这对秸秆饲料化推广利用是重大利好。经过多年来的推广探索和积累沉淀，农作物秸秆饲料化推广工作面临新的发展机遇。

秸秆的饲料化利用是指将秸秆通过青贮、氨化、碱化、发酵等工序处理后，作为草食牲畜的粗饲料来源。饲料化利用可以提高牲畜的采食量和消化率,增加牲畜的体重和产奶量。秸秆的饲料化可以采用多种模式,以下是几种常见的模式。

混合饲料模式:将粉碎的秸秆与其他优质饲料(如牧草、浓缩饲料等)进行混合,形成均衡的饲料配方。这种模式能够提高饲料的营养价值,满足动物的营养需求。

发酵饲料模式:将粉碎的秸秆进行发酵处理,利用益生菌等微生物的作用,提高饲料的消化吸收性,并增加饲料的口感和风味。这种模式可以有效改善秸秆的营养价值。

水解饲料模式:将秸秆进行水解处理,通过加热或控制合适的酸碱条件,使秸秆中的纤维素等难以消化的成分分解为易消化的形式,提高饲料的可利用性。

浸出饲料模式:将秸秆浸泡在水中,使其中的营养物质溶解出来,形成高营养价值的浸出液。并配合科学的饲养管理,以提高动物的生产性能和经济效益。

秸秆饲料化不仅能够解决农作物副产品的浪费问题,还能够带来其他的好处。首先,饲料化处理的秸秆可以提供优质的饲料资源,为畜牧业提供充足的饲料供应。其次,秸秆饲料化,过腹还田可以改善土壤质量,改变农田瘠薄现状,有助于提高土壤的肥力和水分保持能力。此外,秸秆饲料化还有助于减少化肥的使用,降低对环境的污染。综上所述,秸秆饲料化是循环农业的重要组成部分,通过将废弃的秸秆转化为有价值的饲料资源,实现了资源的高效利用和循环利用,促进了农业可持续发展。

1. 秸秆青贮

秸秆青贮是一种把秸秆进行贮存和发酵处理的方法,以作为牲畜的饲料补充。与传统的干草饲料相比,秸秆青贮具有以下优势。

(1)提高饲料利用率。秸秆青贮后,营养价值得到提高,与干草相比,其粗蛋白含量可以提高20%左右,粗脂肪含量也有所增加,能够更好地满足牲畜的营养需要。

（2）减少饲料成本。秸秆青贮比干草价格低廉且更易保存，存储期更长，可以让牲畜有充足的食物供给，同时因为适口性增加也能减少饲料的浪费，降低养殖成本。

（3）改善牲畜肠道健康。秸秆青贮发酵产生的益生菌可以帮助牲畜维持肠道健康，降低罹患消化系统疾病的风险。

秸秆青贮的操作要点如下。

（1）选择优质的原料。应选择质量好、干燥、无霉变且无农药残留的秸秆作为原料。

（2）适当控制水分。合适的水分是秸秆青贮的关键，一般水分应控制在50%左右。

（3）合理添加发酵剂。可添加微生物饲料、发酵剂等进行发酵处理，含糖量高、容易青贮的原料青贮时间要短些，一般在30天左右；质地坚硬、不容易青贮的原料青贮时间要长些，一般在30天到3个月不等。

（4）贮存管理。发酵后的秸秆应贮存于阴凉、干燥的场所，注意保持通风和贮存密度，避免因密度过大而导致饲料质量下降。

无论采用何种处理方式，青贮处理的关键是确保堆秸完全密封，避免氧气进入，创造适宜的发酵环境。一般来说，青贮处理需要3~4周的发酵时间，待发酵完成后，可以开始使用青贮饲料。青贮后的秸秆呈现出酸酸甜甜的味道，保留了秸秆中的养分，增强了牲畜对饲料的接受性和消化吸收能力。秸秆青贮是一种有效利用农作物秸秆的方式，可以提高农业资源利用率，减少饲料资源的浪费，同时也有助于优化饲料结构、提高牲畜免疫力和生产效益，值得广大养殖户进一步推广。

2. 秸秆黄贮

秸秆黄贮是一种将秸秆在干燥状态下保存起来的方法，它不同于青贮，青贮是在密封条件下通过微生物发酵将秸秆保存为饲料，黄贮则是将秸秆切割成适当长度后,在干燥通风的环境中保存,使其水分降低到一定程度,以便于长期贮存和用作饲料。玉米秸秆黄贮技术是一项关键措施,旨在确保玉米秸秆的高品质和营养价值。作为农作物副产物,玉米秸秆富含碳水化合物和纤维素,可用于饲料生产、肥料发酵制造,以及生物能源提取。因此,研究和推广玉米秸秆黄贮技术对于资源利用和农业发展具有重要意义。首先,黄贮技术有助于防止秸秆发霉、自燃和变酸等现象,从而保持秸秆的品质。其次,通过物理、化学和生物处理,可将玉米秸秆转变为有机肥料或发酵基料,进一步提高农作物产量和质量。此外,玉米秸秆黄贮技术还可作为重要的生物能源来源,减少对化石能源的依赖。

秸秆黄贮的处理通常包括以下环节。

收割与切割:在作物收获后,及时收割秸秆,并将其切割成一定长度,通常为30~50厘米。

晾晒与翻动:将切割好的秸秆铺放在开阔的场地上,在阳光和风的作用下晾晒,期间需要定期翻动秸秆,以确保水分均匀散失。

捆扎:当秸秆的水分降至15%~20%时,可以将秸秆捆扎成一定大小的草捆或直接打成卷状以便于贮存和运输。

贮存:将捆扎好的秸秆存放在干燥、通风、避光的仓库或草场中。贮存时应避免潮湿和鼠害,必要时可以使用防潮膜或除湿设备。

喂食:黄贮的秸秆可以作为干草饲料喂食给牲畜,如牛、羊等。

秸秆黄贮是一种简单有效的秸秆利用方法,不仅可以减少秸秆的浪费,还可以为牲畜提供长期的饲料资源。总之,黄贮技术是一种非常实用的玉米秸秆贮存方法。它可以解决露天贮存所存在的问题,有效保障玉米秸秆的品质和营养价值,同时也方便管理和操作。然而,在进行黄贮时,也需要注意防火和安全等问题,以确保贮存安全和稳定。

3. 玉米秸秆青贮和黄贮的特点

玉米秸秆青贮的营养是高于黄贮的,但是玉米秸秆黄贮是可以等到玉米完全收获之后进行的。

玉米秸秆青贮和黄贮可以提高秸秆的适口性，增加牲畜的采食量。秸秆在经过青贮和黄贮之后，可以大幅度降解木质纤维，转化成了乳酸和挥发性的脂肪酸，可以刺激牲畜的食欲，增加牲畜的采食量。

（三）秸秆的原料化

1. 秸秆原料化的含义

秸秆的原料化是指将秸秆通过物理、化学或生物等方法进行处理，转化为可作为工业原料的物质。秸秆作为一种农业废弃物，含有大量的纤维素、半纤维素、木质素等有机物质，可以通过一系列的工艺处理，转化为多种工业原料，如纤维素纤维、木质素、生物塑料等，具有丰富的资源与潜在的经济价值。秸秆原料化的过程主要包括以下几个步骤。

（1）秸秆预处理。将秸秆进行切短、破碎、干燥等处理，以增加其表面积和反应活性，有利于后续的工艺处理。

（2）物理方法。通过机械加工、热处理等方式将秸秆转化为工业原料。如将秸秆经过梳棉机加工，可以得到纤维素纤维，可应用于纺织、造纸等行业。

（3）化学方法。通过反应将秸秆转化为工业原料。如将秸秆中的木质素提取出来，作为染料、涂料、胶黏剂等原料。

（4）生物方法。通过生物发酵、生物降解等方式将秸秆转化为工业原料。如秸秆经过生物降解，可以得到生物塑料等可降解材料。

2. 秸秆原料化的技术方法

秸秆原料化的技术方法主要包括以下内容。

（1）纤维素提取。利用生物、酶解或化学方法将秸秆中的纤维素提取出来，用于生产纤维素纤维、纸浆、纤维板等工业原料。

（2）生物质能源。将秸秆转化为生物质能源，如生物柴油、生物乙醇、生物质颗粒等，用于替代传统化石能源，以减少对环境的影响。

（3）生物基化学品。将秸秆转化为生物基化学品，如乳酸、丙酮、乙二醇等，用于生产生物塑料、化妆品、医药等产品。

（4）生物肥料。通过堆肥或发酵处理，将秸秆转化为有机肥料，提高土壤质量与农作物产量。

（5）替代材料。将秸秆与聚合物等材料结合，制作生物基复合材料，用于替代传统的木材或塑料材料。

秸秆原料化技术具有资源化利用、减少环境污染、降低生产成本等优点，被广泛应用于纺织、造纸、化工、环保等行业。同时，秸秆原料化技术还可以为农村地区提供就业机会和经济效益，促进农村经济发展。因此，秸秆原料化技术在近年来受到了越来越多的关注和应用。此外，秸秆的原料化与产业化也能够创造就业机会，促进农民增收。

（四）秸秆的燃料化

秸秆燃料化是将秸秆转化为可燃烧的燃料，以供锅炉、燃烧器等设备使用。秸秆颗粒燃料、秸秆生物质燃料、秸秆压缩燃料、秸秆热解等都是一些常见的秸秆燃料化方法。秸秆燃料化是一种将废弃物转化为可再生资源的方法，具有减少浪费、降低污染排放等优点。同时，秸秆燃料化也可以为农村地区提供经济来源，具有较好的社会效益。

1. 秸秆焚烧发电

（1）秸秆发电的含义。秸秆发电是指将秸秆等生物质作为燃料，通过燃烧发电的方式，将生物质能转化为电能。秸秆发电可以采用生物质直接燃烧、生物质气化、生物质联合等方式。秸秆发电具有可再生、低碳排放等优点，同时也能够解决秸秆等废弃物的处理问题。然而，秸秆发电也存在一些问题，如投资成本高、技术难度大、运营维护成本高等。

（2）秸秆发电的原理和工艺。主要分为以下三种。

一是生物质直接燃烧发电的原理和工艺。秸秆等生物质经过粉碎、干燥等预处理后，送入锅炉中燃烧。燃烧加热介质产生高温高压蒸汽，通过管道进入汽轮机中膨胀做功，带动发电机发电。发电机将转子的机械能转化为电能，经过变压器升压后送入电网中。

二是生物质气化发电的原理和工艺。秸秆等生物质经过粉碎、干燥等预处理后，送入生物质气化炉中进行气化反应。生物质气化反应产生可燃气体，如氢气、甲烷等。将可燃气体与空气混合后进入燃气轮中燃烧发电。发电机将转子的机械能转化为电能，经过变压器升压后送入电网中。

三是生物质联合循环发电的原理和工艺。秸秆等生物质经过粉碎、干燥等预处理后，送入生物质锅炉中燃烧。生物质锅炉燃烧产生的高温高压蒸汽，进入汽轮机中膨胀做功，带动发电机发电。发电机将转子的机械能转化为电，经过变压器升压后送入电网中。生物质锅炉燃烧后的废气，进入生物质气化炉中进行气化反应。生物质气化反应产生可燃气体，如氢气、甲烷等。将可燃气体与空气混合后进入燃气轮机中燃烧发电。发电机将转子的机械能转化为电能，经过变压器升压后送入电网中。

秸秆发电具有可再生、低碳排放等优点，同时也能够解决秸秆等废弃物的处理问题。然而，秸秆发电也存在一些问题，如投资成本高、技术难度大、运营维护成本高等。

（3）秸秆发电在生态循环农业上的应用。秸秆发电在循环农业上有着重要的应用。

首先，秸秆发电可以将废弃的秸秆转化为可再生能源。传统农业中，秸秆通常被废弃或焚烧，造成资源的浪费和环境的污染。而利用发电技术将秸秆转化为电力，可以有效利用农作物的副产品，提供清洁、可持续的能源供应。

其次，秸秆发电有助于农业生产的循环利用。秸秆发电过程中产生的余热可以用于加热温室或养殖场，提供能量和热水，促进农业生产效率的提高。此外，秸秆发电的副产品——秸秆灰可以用作肥料，通过还田来提高土壤肥力。另外，秸秆发电也有助于减少温室气体排放。秸秆发电过程中产生的二氧化碳等排放物可以进行低排放处理，减少对大气环境的影响。与传统的焚烧方式相比，秸秆发电技术可以更高效地利用秸秆资源，并减少对环境的负面影响。

综上所述，秸秆发电在循环农业中具有重要的应用价值。通过将废弃的秸秆转化为可再生能源，提供清洁、可持续的能源供应，实现农业资源的循环利用和环境保护。同时，秸秆发电还可以提高农业生产效率，促进农业可持续发展。

2. 秸秆固化

（1）秸秆固化的含义。秸秆固化技术是一种将农业废弃物秸秆，通过一定的技术手段转化为可作为燃料或其他用途的固体产品的技术。这一过程主要包括收集、压缩和成型等步骤。首先，收集秸秆。农业作业后，大量的秸秆通常被遗留在田地中或被烧掉，这不仅造成了资源的浪费，还可能造成环境污染。通过建立秸秆收集系统，将这些原本被浪费的资源收集起来，为后续处理做准备。接下来是压缩环节。收集到的秸秆需要进行适当的处理，如切割粉碎，以减小体积，便于运输和加工。之后，将秸秆通过机器压缩，增加密度。最后是成型环节。压缩后的秸秆通过成型机加工成各种固态形状，如颗粒、块状等。这些固态成型燃料的热值较高，可以作为一种可再生能源用于发电、供暖等。

秸秆固化技术不仅能够减少农业废弃物对环境的污染，还能提供一种可替代化石燃料的能源，有助于推动能源结构的转型和可持续发展。在我国，推广秸秆固化技术是实现农业废弃物资源化利用、促进农村清洁能源发展和生态环境保护的重要措施。各级政府也相应出台了补贴政策，以推动这一技术的应用和普及。

秸秆固化的原理是将秸秆中的纤维素和半纤维素等可溶性物质与压缩剂进行加工混合，在一定的压力和温度作用下，使得秸秆颗粒之间形成物理和化学的结合，从而固化为一种固体燃料。

（2）秸秆固化的工艺。秸秆固化的工艺包括以下几个主要步骤。

一是秸秆预处理。首先,将秸秆收集起来,经过清洗、切割等处理,以达到适宜的长度和湿度。清洗可以去除杂质,切割可以增加秸秆的表面积,有利于后续的固化过程。

二是秸秆与压缩剂混合。将预处理好的秸秆与压缩剂进行充分混合。压缩剂通常是一种具有黏性和黏附性的物质,可以在秸秆颗粒之间形成黏结力,促进固化的形成。

三是压制成型。将混合好的秸秆与压缩剂进一步压制成所需的形状,如颗粒、块状等。这一过程需要在一定的温度和压力条件下进行,以使得秸秆颗粒之间形成结合。

四是干燥和硬化。固化成型的秸秆需要进行一定的干燥和硬化处理,以提高其固化度和抗水分、耐磨等性能。通常采用自然干燥或者烘干机进行干燥处理。

通过以上工艺步骤,秸秆固化成为一种固态燃料,可以用于发电、供暖等应用。此外,固化的秸秆还具有良好的稳定性和可储存性,方便运输和储存,并减少了对环境的污染。

(3)秸秆固化在生态循环农业中的应用。秸秆固化在循环农业上的应用主要体现在以下几个方面。

能源生产:秸秆固化后可以作为生物质能源的原料。秸秆固化后可以制成生物质颗粒燃料、木质燃料等,用于发电、供暖等能源生产领域,实现秸秆资源的循环利用。

土壤改良:秸秆固化还田可以提高土壤的肥力和保水能力。将秸秆固化后还田,可以增加土壤有机质含量,改善土壤结构,提高土壤的肥力和通气性。同时,秸秆固化还可以提高土壤的保水能力,促进作物生长。

肥料生产:秸秆固化后可以作为生物有机肥的原料。秸秆固化后经过堆肥、发酵等处理,可以制成富含微生物的生物有机肥,用于改善土壤结构和提供作物生长所需的养分。

环保材料生产：秸秆固化后可以作为环保材料的原料。秸秆固化后可以制成环保板材、纸张等环保材料，用于建筑、包装等领域，实现秸秆资源的循环利用。

综上所述，秸秆固化在循环农业中具有重要的应用价值。通过将秸秆固化后还田、制作肥料、生产能源和环保材料等，实现秸秆资源的循环利用和环境保护，促进农业可持续发展。

3. 秸秆炭化

（1）秸秆炭化的含义。秸秆炭化是一种将秸秆中的有机物质通过高温干馏技术转化为含碳量较高的固体产物的方法。其原理主要是利用秸秆中的纤维素、半纤维素、木质素等有机物质在高温条件下分解，释放出挥发性有机物和气体，同时固结成为高热值、高碳密度的碳素固体。秸秆炭化后的产品具有高燃烧值，含硫量少，燃烧时不会产生刺鼻气味，不会污染空气，同时还可以作为生物质能进行发电、供热和燃烧等。此外，秸秆炭化后的产物还可以进一步加工成生物质颗粒、炭材等产品。秸秆炭化过程通常包括备料、炭化、冷却和收集等步骤。在备料过程中，需要将秸秆切短并进行适当的处理，以增加炭化的效率。炭化过程通常是在封闭的设备中进行，通过控制温度和时间来达到产品要求的质量和规格。

秸秆炭化作为一种资源化利用技术，可以实现秸秆的再利用，减少对环境的污染，同时还可以为农民带来一定的经济收益。因此，秸秆炭化技术在一些地区已经得到了推广和应用。

（2）秸秆炭化的工艺流程。秸秆炭化的工艺流程主要包括以下几个步骤。

一是秸秆预处理。秸秆在炭化前需要经过预处理，如切短、破碎、干燥等，以增加其表面积和反应活性，有利于炭化反应的进行。

二是炭化过程。秸秆经过预处理后，送入高温炭化炉中进行炭化处理。在高温条件下，秸秆中的有机物质分解，挥发性有机物和气体逸出，同时固结成为高热值、高碳密度的碳素固体。

三是炭化产物的冷却和收集。炭化过程结束后，需要将炭化炉冷却，然后将炭化固体产物进行收集和储存。

秸秆炭化技术具有资源化利用、减少环境污染、提高能源利用效率等优点，同时还可以为农村地区提供一种新型的固体燃料和工业原料。因此，秸秆炭化技术在近年来受到了越来越多的关注和应用。

（3）秸秆炭化在生态循环农业中的应用。秸秆炭化在生态循环农业的应用体现在几个方面。

增加土壤肥力：炭化物质可以添加到土壤中，增加土壤的有机质含量和肥力。炭化物质具有较高的孔隙度和吸附性，可以吸附并储存水分和养分，提供植物生长所需的水分和养分。同时，炭化物质也能够增加土壤通气性和保持土壤结构的稳定性，有助于根系生长和水分渗透。

减少温室气体排放：炭化物质的应用可以减少温室气体（如二氧化碳和甲烷）的排放，从而有助于减缓气候变化。通过将有机物质转化为生物炭，可以固定和储存碳元素，防止其释放为温室气体。此外，通过炭化过程可以降解有机废弃物并产生可再生能源（如生物炭气体），减少对传统能源的依赖。

提高农作物产量和抗病虫害能力：炭化物质可以改善土壤的物理、化学和生物性质，从而提高农作物的产量和质量。炭化物质可以提供植物所需的营养和水分，并刺激有益微生物的生长，增强植物的抗病虫害能力。此外，炭化物质还可以吸附减少土壤中的有害物质和重金属毒害。

总之，秸秆炭化在循环农业上的应用可以改善土壤和植物的生态环境，提高农业可持续发展的能力。

（五）秸秆基料化

1. 制作生物炭

（1）制作生物炭的原理。生物炭是一种富含碳元素、具有高度多孔性和比表面积的固体物质，具有吸附、催化、离子交换等特性，被广泛应用于土壤改良、水处理、空气净化等领域。

（2）制作生物炭的工艺。秸秆制作生物炭的工艺流程主要包括以下几个步骤。

一是秸秆预处理。将秸秆进行切短、破碎、干燥等处理，以增加其表面积和反应活性，有利于生物炭化反应的进行。

二是生物炭化过程。将预处理好的秸秆送入高温生物炭化炉中进行生物炭化处理。在高温条件下，秸秆中的有机物质分解，释放出挥发性有机物和气体，同时固结成为高度多孔性的生物炭。

三是生物炭的冷却和收集。生物炭化过程结束后，将生物炭进行收集和储存。

秸秆制作生物炭的优点在于其能够实现秸秆的资源化利用，同时生物炭具有良好的环境友好性，可以广泛应用于环境保护领域。因此，秸秆制作生物炭技术近年来受到了越来越多的关注和应用。

（3）秸秆制作生物炭在生态循环农业中的应用。秸秆制作生物炭在生态循环农业中的应用主要体现在以下方面。

水质净化：生物炭可以被用作水质净化的材料，对于农业灌溉水的净化尤为重要。生物炭可以吸附和去除水中的有机物、重金属、农药残留和其他有害物质，净化灌溉水，以保护作物和土壤的健康。

有机废弃物处理与资源利用：生物炭具有较长的使用寿命，可以作为土壤改良剂，提供植物所需的养分和保持土壤肥力。此外，生物炭还可应用于能源生产、过滤材料、动物饲料等方面，实现资源的循环利用。

碳捕集与负碳排放：生物炭可以将碳长期固定在土壤中，实现碳的捕集与负碳排放。这有助于减少温室气体排放，缓解气候变化问题。

林业与园艺应用：生物炭可以用于改良种植介质，如花园土壤和育苗培育介质。其优良的保水性能和通气性能有助于植物生长，提高植物的生产力和抗病虫害能力。

总体来说，生物炭在循环农业中可以提高土壤肥力，改善土壤生态环境，并有助于减少温室气体排放，实现农业的可持续发展。

2020年，农业农村部组织开展十大引领性技术集成示范，以支撑引领全产业链优质绿色增效为目标，加强技术集成组装与熟化配套，推动集成一批符合优质安全、节本增效、绿色环保等要求，对农业农村经济引领带动能力明显的技术模式，探索政产学研用一体化高效实施技术路径，构建可复制、可推广的综合化、全程性技术解决方案。秸秆炭基肥利用增效技术就是其中一项，通过生物质亚高温热裂解工艺将秸秆转化为稳定的富碳有机物质即生物炭，以秸秆生物炭作为功能性载体，通过精量配伍养分制成秸秆炭基肥料，并系统配套轻简易行的田间施用措施。该项技术融合了"炭化联产、专肥专用、健康栽培"等增效要点，兼顾作物高产优质栽培和耕地土壤质量提升双导向，为进一步强化秸秆资源在农业生产领域的循环利用提供了可行方案。该技术成果的转化推广，契合现代农业建设的绿色发展理念，为保障国家粮食安全和改善农业生态环境提供了引领性技术和示范模式。

秸秆炭基肥利用增效技术要点如下。

（1）炭化联产增效。通过亚高温热裂解工艺，在相对缺氧、700℃以下的条件下，将秸秆转化为生物炭，作为炭基肥料功能性基础介质，炭化过程同时联产可燃气、可选择联产木醋液等多种副产物，其中可燃气可用于炭化设备的辅助自加热，有效减少能耗，余气还可实现供暖供热，木醋液具有防虫、防病、除臭和环境消毒作用，具有开发为多种绿色农业投入品的前景。

（2）健康栽培增效。秸秆生物炭具有pH值高、孔隙度高、容重小、比表面积大、吸附力强等特性，具有良好的环境相容性。秸秆炭基肥料可在确保高效供给植物营养的同时兼顾土壤改良，秸秆炭基土壤调理剂可以缓解部分耕地存在的酸化、板结、黏重、污染等轻度土壤质量退化问题，促进实现以改善土壤质量和提升作物品质为目的的健康栽培。

秸秆炭基肥利用增效技术具有重要性、经济性、持续性的技术特性。

（1）重要性。我国秸秆综合利用水平逐年提升，但仍以直接还田利用方式占绝对主导，部分地区秸秆资源结构性、季节性过剩的问题难以破除。秸秆炭基肥料利用增效技术因地制宜、广泛适用，有力拓展了秸秆资源的多元化利用途径，立足藏粮于地、藏粮于技战略，为解决秸秆综合利用、化肥减量增效、耕地质量提升等现代农业发展的重要问题提供了新思路。

（2）经济性。秸秆炭基肥料利用增效技术以全流程、多层次节本增效为重要特点，秸秆炭化环节联产可燃气、木醋液等副产物，制备环节在减配养分的前提下保障作物稳产提质，施用环节措施轻简无额外投入，"联产、节肥、轻简、多效"等经济性特点显著。根据本技术肥料产品近5年的销售情况估算，累计销售额约20 000万元，新增利润约2 500万元，对比传统化学肥料效益折算节支增收效益约4 000万元。

（3）持续性。生物炭是一种具有土壤改良作用的富碳物质，具有极强的物理、化学和生物稳定性。秸秆炭基肥料利用增效技术的应用，同时完成了秸秆炭化还田过程，被普遍认为是提升耕地土壤质量、实现土壤碳封存、降低农业源温室气体排放的可行手段，有利于改善农业生态环境，推动农业可持续发展。

秸秆炭基肥利用增效技术在辽宁省、云南省、吉林省和河南省等地进行集成示范推广；示范作物包括玉米、花生和马铃薯等粮食作物，以及蔬菜、水果和烟草等经济作物；预计集成示范推广总面积50万亩，其中辽宁省16万亩，吉林省和黑龙江省共20万亩，河南省6万亩，云南省8万亩。

2. 秸秆的基质化

秸秆基质化利用是指将秸秆通过无害化和稳定化处理，加入适宜的配料，获得作物栽培基质的过程，是极具开发前景的农业废弃物利用途径。秸秆种类繁多、取材方便，而且含有丰富的植物生长所需的各类养分，通过基质化处理后形成的高品质栽培基质具有支持、固定植株的作用，腐熟后再添加适合的基质调节剂可配制出满足根系生长所需的水、气、肥等稳定条件，为植物生长提供适宜的理化环境，减少植物病虫害，有利于提高作物产量，保证高产、稳产。

秸秆基质化的过程主要涉及以下几个关键步骤。

（1）选择合适的秸秆。选择适合基质化的秸秆材料，包括稻谷秸秆、小麦秸秆、玉米秸秆等，根据不同植物的需求和所处环境的特点进行选择。

（2）秸秆预处理。对秸秆进行预处理，如切碎、干燥等，以便更好地与其他改良物质混合，增加其表面积和改良效果。

（3）混合改良物质。将预处理好的秸秆与其他改良物质混合，如有机肥料、腐殖质、细土等。混合的比例可根据所种植的植物需求和土壤特性进行调整。

（4）调节 pH 值。通过添加石灰等物质来调节秸秆基质的酸碱性，以适应不同植物的需求。

（5）反复堆料和发酵。将混合物料进行堆肥或湿堆发酵处理，在微生物的作用下进一步分解有机质，释放养分，并改善基质的物理结构。

（6）植物栽培。基质化的秸秆可以用作土壤改良剂或植物栽培介质，提供植物生长所需的养分和水分，并提供根系生长的支撑。

秸秆基质化在循环农业上的应用主要包括以下几个方面。

（1）植物育苗。秸秆基质可以作为植物育苗的介质，具有保水性好、透气性强、营养丰富等特点，有利于幼苗的生长和发育。

（2）温室栽培。秸秆基质可以用于温室栽培，提供植物所需的养分和水分，同时还可以减少土壤污染和病虫害的传播。

(3) 园艺介质。秸秆基质可以用于园艺种植，如花坛、花盆等，提供植物所需的养分和水分，同时还可以改善土壤结构，提高土壤肥力。

(4) 堆肥制作。秸秆基质可以与有机物质混合，经过发酵处理后可以制作成堆肥。堆肥是一种有机肥料，可以提供植物所需的养分，同时还可以改善土壤结构，提高土壤肥力。

农作物秸秆基质化利用是以可持续协调发展和经济循环为目的的农业废弃物资源循环利用方式，能实现"农作物秸秆—基质化利用—植物—农作物秸秆"生产循环体系，有利于生态环境保护，是逐步实现我国农业经济循环和农村可持续发展的重要措施。

二、畜禽粪便肥料化利用

（一）堆肥

我国每年都会产生高达55亿吨的有机废弃物，其中主要是畜禽粪便和秸秆，还有城市及食品工业等的废弃物，如有机垃圾、生活污泥、糖渣、酒糟等。根据估算，目前我国养殖业每年产生的畜禽粪污总量约为38亿吨，按收集系数70%来计，每年需要处理的畜禽粪污量达27亿吨。除此以外，每年还有约2亿吨的有机垃圾、5 000万吨的市镇污泥以及数千万吨的食品下脚料等。有机固体废弃物中蕴含着丰富的养分。据估算，全国有机肥料资源中氮磷钾养分储量高达7 000万吨，理论上可以完全替代化肥投入，若这些有机废弃物利用率达到50%，则可替代约一半的化肥。因此，科学利用这些有机固体废弃物，既可防止其污染环境，又可以加快资源的循环利用，减少资源的浪费。堆肥是处理各类有机废弃物无害化与资源化成本最低、最有效的途径之一，是集处理和资源化利用于一体的生物方法，由于其无害化比较彻底，资源化率比较高，目前广受关注。堆肥与农业密不可分，自古以来，畜禽粪便是一种非常重要的有机废弃物，人们将有机废弃物进行混合堆沤处理，并将产物再归还于土壤，既符合农业可持续发展的方向，也有利于促进农业和畜牧业的共同发展，促进乡村振兴，实现农业废弃物的资源化利用。

1. 堆肥原料

畜禽堆肥是指将畜禽粪便与秸秆、杂草、垃圾等有机物质混合，在一定的温度、湿度和微生物作用下，通过发酵过程将其转化为无害、稳定的有机肥料。畜禽堆肥的原料如下。

（1）畜禽粪便。是畜禽堆肥的主要原料之一，包括猪粪、牛粪、羊粪、鸡粪等。

（2）秸秆。是畜禽堆肥的常用辅料，包括稻草、麦秸、玉米秸等。秸秆可以提供有机物质，改善堆肥的物理结构，有利于微生物的发酵作用。

（3）杂草。杂草是一种常用的畜禽堆肥原料，可以提供有机物质，改善堆肥的物理结构，有利于微生物的发酵作用。

（4）垃圾。包括厨余垃圾、庭院垃圾、园林废弃物等，可以提供有机物质，改善堆肥的物理结构，有利于微生物的发酵作用。

（5）其他有机物质。如腐殖质、泥炭、鸡毛、鱼粉等，可以提供有机物质，改善堆肥的物理结构，有利于微生物的发酵作用。

畜禽堆肥原料的选择应根据当地实际情况和资源条件进行合理搭配，以达到最佳的效果。同时，在堆肥过程中要注意控制好温度、湿度和 pH 值等条件，以促进微生物的发酵作用，确保堆肥质量。

2. 堆肥类型

畜禽堆肥的类型可以根据其不同的制作方法和目的而有所不同。常见的畜禽堆肥类型如下。

（1）普通畜禽粪便堆肥。是将畜禽粪便与适量的泥土、秸秆、其他有机物质等混合，在一定的湿度和微生物作用下进行发酵。这种堆肥成本较低，但肥效不如有机复合肥。

（2）快速堆肥。是一种通过添加微生物菌剂等手段，加快堆肥发酵速度的肥料。这种堆肥通常适用于大规模养殖场或农业生产，具有快速、高效、环保等优点。

（3）生物有机肥堆肥。是将畜禽粪便、农作物秸秆、其他有机物质等，经过微生物发酵后制成的肥料。这种肥料含有丰富的有机质和微生物菌类，对改善土壤结构、提高肥力具有较好的效果。

（4）微生物复合型畜禽粪便堆肥。是在普通畜禽粪便堆肥的基础上，添加适量的微生物菌剂和生物添加剂等成分，以增强堆肥的发酵效果和养分含量。这种堆肥适用于有机农业和绿色农业，具有高效、环保、可持续等优点。

实际案例

围场绿色种养循环粪肥还田服务组织建设典型案例

河北省承德市围场满族蒙古族自治县（简称围场县）是全省16个绿色种养循环试点县之一。三年来，围场县坚持"花钱买机制"原则，通过财政补贴奖励支持，探索绿色种养循环发展模式，构建长效机制，培育壮大了一批粪肥还田社会化服务组织，有效实现以生产主体种养小循环为基础，带动县域内畜禽粪肥就近就地基本还田的种养循环利用。尤其重点探索了项目"断奶"后社会化服务主体继续盈利运营的路径。承德益收农业科技有限公司就是其中一个较为成熟的典型代表。

一、基本情况

承德益收农业科技有限公司成立于2019年，是2019年围场县畜禽粪污资源化利用项目实施单位，2020年3月被评为河北省科技型中小企业。该公司主要进行畜禽粪便研发、生产生物有机肥、高效菌肥、农业技术推广等。在畜禽粪污资源化利用项目上，因设备齐全、服务到位、群众口碑好，自2021年起被选为绿色种养循环项目承接组织，每年实施面积4.6万亩。

公司注册资金500万元，现有职工15人，管理人员6人，技术人员3人，2022年末总资产1 326万元，其中固定资产1 056万元。主要提供畜禽粪污收集、转运、无害化发酵处理及畜禽有机粪肥加工、利用等社会化服务。公司现有有机肥粉状生产线1条、颗粒生产线1条，年产有机粪肥10万吨。所属社会化服务组织在畜禽粪污重点县域乡镇建设粪污集中处理场（含简易存储棚室）11处，移动式有机肥生产简易设备（供多个粪肥发酵点使用）3套，装载机3辆，翻抛机2台，自卸运输车4辆，撒肥车4辆。

二、有效开展服务，全面完成任务

公司通过实践探索，针对不同养殖规模开展不同的服务模式。一是对养殖密集区中小散养殖场户实施就近还田施用模式。该模式以村镇或粪污集中处理场所为单元，牵头建设粪污收集场地，购买粪污运输、处理和还田机械设备，储粪设施由公司负责腐熟发酵后，就近运送至种植大户撒施还田。该公司在全县设立就近废物发酵场11处，涉及个人养殖散户2 000余户。二是对大型养殖场实施"订单回收"模式。对大型的养殖场，签订粪便回收协议，在养殖场粪便达到一定数量后，由公司免费拉走，运送到就近的堆积场。目前该公司与10余个大型养殖场签订了粪污处理协议。

同时，严格畜禽粪污处理标准。按照县级方案确定的粪污处理相关标准，公司基本采取用运输车辆将畜禽粪污运送到简易发酵场，采用条垛式发酵方式，加入发酵菌剂，利用铲车堆垛，翻抛机用于翻拌条形垛堆降温、破碎、进氧气，蒸发水分、加入有益菌种等加快粪便熟化，促进生物菌种生长，缩短畜禽粪便的发酵周期。目前公司年收集牛粪12万吨，羊粪2万余吨，鸡粪8 000吨，三年累计收集处理畜禽粪污44万吨，实现粪肥还田18万吨，每年还田种植面积4.6万亩，每亩撒施粪肥1.5吨以上。为全县畜禽粪污有效利用作出了突出贡献。

三、探索运营模式，建立市场化路子

公司通过近三年的经营，摸索出了一整套运营模式，从畜禽粪污收集、发酵及运输、施用等环节进行优化，将粪肥每吨成本控制在100元左右，在县域内运输、施用成本控制在150元左右，大大提高了经济效益，并建立了"订单客户、定向生产""综合运行、多种经营"的长期运行模式，实现了稳定盈利，带动整个公司良性发展，探索出了畜禽粪污处理市场化路子。

一是建立定向生产模式。公司将收集的粪污按照种植大户种植作物的需要定向加入微量元素，再根据大户使用有机肥目的不同而选择不同粪源。如为了提高土壤透气性可使用牛粪为基础粪源，为了提高土壤保温能力可使用羊粪为基础粪源，为了提高土壤养分含量可使用鸡粪为基础粪源。在确保项目施用面积基础上，公司面向本地蔬菜生产大户，签订定向有机肥销售订单。2023年共销售订单有机肥3万吨，获纯利润15万元。同时公司不断扩大业务量，随着生产能力的扩大，将有机肥销售到其他县市，为公司今后发展创造有利条件。

二是推广社会化服务新模式。公司充分利用现有的机械撒肥设备开展机械还田服务，机械粪肥还田具有撒施均匀、省工、省力、省时、高效、快捷等优势，在平地撒肥机每天能撒肥600亩，使用机械撒肥还田已经成为种植大户的首选。2022年公司社会化服务面积0.11万亩，盈利3.3万元，2023年社会化服务面积扩大到0.35万亩，盈利9万多元，而且社会化服务业务已经扩展到其他县市，为公司的发展和生存开拓新思路。

通过这些措施，公司已经形成了粪肥处理程序规范、成本控制有效、盈利环节多元化、运营发展稳定的态势，探索了一条没有补贴情况下的畜禽粪污资源化利用市场营运模式。

四、多方合作共赢，取得积极成效

公司积极和县域内各种植合作社、家庭农场、种植大户签订粪肥施用合同，采取合作让利等模式，降低了种植成本，同时又减轻了养殖户的粪污处理负担，取得了良好的经济效益及社会效益。

一是改善农村人居环境。自2021年绿色种养循环农业项目实施以来，有效解决了畜禽粪污闲置不用，乱堆乱放，污染环境等问题。同时，公司主动承担社会责任，对项目实施范围内8个乡镇的公路、街道两旁的畜禽粪污进行免费清扫回收，既清洁了环境，也发挥了企业的社会责任和公益性能。

二是示范带动效果明显。自项目实施以来，大量粪肥直接参与土壤物质和能量转化、腐殖质形成和分解等过程，对土壤团粒结构起到胶黏作用，有效改善了项目区土壤物理性状，增强土壤的透气、保水、保肥能力，防止土壤板结和酸化，产出的农产品品质更高、质量更好，在不使用其他技术手段的情况下单产有所提升。实实在在的效果是最好的宣传，周边老百姓看在眼里，有样学样，对畜禽粪污进行腐熟施用，全县的有机肥施用面积呈现逐年增加的趋势。一个典型的证明就是围场县目前畜禽粪污收集比以前更加困难，很多农民自己使用，不再交给项目实施公司。

三是实现化肥减量增效。有机粪肥还田降低了化肥使用量，减少了施肥成本，土地实现良性循环。在围场县的蔬菜种植区，每亩施用有机肥3吨左右，基本不使用化肥，达到了减少化肥的效果。在玉米种植地块，每亩使用1.5~2吨有机肥，化肥使用量减少一半左右。马铃薯种植地块（围场县常年种植马铃薯70万亩左右），每年进行倒茬，在倒茬地块施用有机肥，培肥地力，第二年种植马铃薯，在同样水肥药情况下，每亩增产5%左右。承德益收农业科技有限公司在承担绿色种养循环项目过程中，结合当地实际，着眼长远发展，在各级农业农村部门的指导和帮助下，积极探索创新项目运营方式，实现了粪肥还田社会化服务组织自我发展、自我壮大的路子。下一步，围场县将在总结经验基础上，推广该公司做法，对其他项目承接主体开展学习和示范，力争培育一批类似的社会化服务组织，在国家项目撤出后，全县的畜禽粪污资源化利用工作能够持续长久运营，实现绿色种养循环项目设计初衷。

总之，畜禽堆肥可以根据不同的制作方法和目的进行分类，不同的类型具有不同的优点和适用范围。

3. 堆肥过程

畜禽堆肥是将畜禽粪便与其他有机物混合，在适当的条件下进行发酵和降解的过程。畜禽堆肥过程主要包括以下几个步骤。

（1）收集原料。收集来自畜禽场的粪便和其他有机物，如秸秆、稻草、木屑等。确保原料适量和比例适宜，以便提供合适的碳氮比和湿度。

（2）混合原料。将畜禽粪便和其他有机物混合均匀，确保有机质和碳氮比的平衡。添加适量的水分，使堆料湿度保持在50%~60%的水分范围内。

（3）堆放成堆。将混合好的堆料堆放成堆，可以使用自由堆放、箱式堆放或沟槽堆肥等方式。堆料高度一般控制在1.5~2米。

（4）确保通气性。堆料中添加竹片、稻草或木板等通风材料，增加堆料的通气性。保持堆料的适当湿度，通过喷水或覆盖保湿材料来控制堆料的湿度。

（5）发酵降解。堆肥过程中，在微生物作用下发酵降解有机物。微生物通过分解畜禽粪便和其他有机物质，释放出热能和二氧化碳等产物。

（6）翻堆和调控。在堆肥过程中，定期进行翻堆操作，以促进氧气的供应和温度的均衡分布。通过监测堆料的温度、湿度、氧气和pH值等参数，进行适时的调控，保证发酵过程的正常进行。

(7) 成熟和筛分。经过一定时间的发酵，堆料会逐渐转化为成熟的有机肥料。进行堆肥成熟度的检测，确认成熟后，可以进行堆肥的筛分和包装。

畜禽堆肥过程需要合理控制温度、湿度、通气和微生物等因素，以充分利用有机物质的降解作用，使其转变为稳定、无害的有机肥料。同时，要注意防止异味和污染的扩散，并遵守环境保护的相关要求。

畜禽粪便中含有大量的有机物质和氮、磷、钾等营养成分，是一种优质的肥料资源。通过高温等处理方式，可以杀死粪便中的有害微生物和寄生虫卵，提高肥料的品质，并将其转化为易于被植物吸收利用的有机肥料。在循环农业中，畜禽粪便堆肥可以用于改善土壤结构，增加土壤肥力，提高农作物的产量和质量。同时，畜禽粪便堆肥也可以用于生产沼气等生物质能源，减少对传统化石能源的依赖，有利于实现农业的可持续发展。

实际案例

河北省晋州市绿色种养循环农业

一、服务组织培育情况

为了更好地消纳畜禽粪污，晋州市培育了3个粪肥收储运社会化服务主体和1个商品有机肥生产企业，提供粪污收集、集中处理、运输配送、粪肥机械施用作业全过程服务，提供"统一收集、统一输送、统一施用"的全环节服务，扩大了粪肥还田利用社会化服务市场规模，引导专业化服务组织加大投入，提高规模效益，降低运营成本，确保经济可行，促进增产提质，形成良性循环，实现财政资金退出时专业化社会化服务组织仍然能够自主经营、自负盈亏。对接养殖场70多个，畜禽粪污利用取得重大进展，每年消纳畜禽粪污总量9.9万吨，示范带动县域内粪肥基本还田，县域畜禽粪污综合利用率达

95%以上。

晋州市韩庄巨农现代农业科技有限公司。晋州市韩庄巨农现代农业科技有限公司成立于2020年5月，注册资金1000万元，占地20亩。公司主要从事畜禽粪污无害化处理与资源化利用和现代化智慧农业的推进。以河北省农业技术推广总站和山东省林业科学研究院为技术支撑，为了彻底解决韩庄周边养殖粪污污染问题，2020年以北京天圜农业生态科学研究院有限公司为技术依托，晋州市韩庄巨农现代农业科技有限公司初步建设完成了"韩庄有机废弃物资源化利用中心一期工程"。工程投资1400多万元，设计能力日处理各种粪污200吨，年产液体生物有机肥料7万吨，已完成试运行。

石家庄市肥田肥业有限公司。石家庄市肥田肥业有限公司成立于2018年，注册资金880万元，占地4500米^2。公司主要从事畜禽粪污无害化处理与资源化利用和现代农业技术的推广。石家庄市肥田肥业有限公司投资建设完成了年处理能力约3万吨的畜禽粪污资源化利用处理中心，已投入运行。

石家庄金太阳生物有机肥有限公司。石家庄金太阳生物有机肥有限公司成立于1998年，注册资金3180万元，是一家专门从事农畜废弃物高值肥料化循环利用的科技创新型企业。经过20余年的努力，已成为以有机肥、生物肥开发营销为核心，覆盖农技服务、农产品收购、储藏、销售全产业链的现代化农业集合体。生物肥料厂区占地380亩，累计投资3.6亿元，产品涉及有机肥、生物肥、水溶肥三大类共50余个品种，连年实现零库存。石家庄金太阳生物有机肥有限公司的快速发展得到了政府和行业管理部门的认可，先后获得"河北省农业产业化重点龙头企业""河北省名牌产品""河北生活上优质产品""河北省著名商标""河北省中小企业名牌产品"等荣誉，"地欣"牌商标被国家市场监督管理总局认定为中国驰名商标，目前也是生物肥行业唯一一个中国驰名商标。

河北稼倍多有机肥有限公司。河北稼倍多有机肥有限公司位于河北省晋州市新风工业区。成立于2014年，注册资本1 000万元，年产10万吨有机复合肥，厂区占地面积20 000米^2，科技研发试验田1 300亩，是一家以酵钾多微生物有机肥、有机—无机复混肥、生物有机叶面肥、水溶肥、专用配方有机肥的研发、生产、销售为主，兼顾提供农业技术服务的高新企业。公司使用养殖业产生的排泄物和废弃物，采用高新科技加工制造生物有机肥，每年可改良土壤150余万亩，为促进农民增收致富，保障农业食品安全尽着一个农业环保型企业的社会责任。现有员工119人，其中教授3名，技术研发人员18名，销售人员15名，生产人员86名。2020年末资产总额2 014万元，固定资产630万元，流动资金1 384万元，年销售收入3 138.47万元。

二、种养循环机制建设情况

（1）企业化市场化运作机制。晋州市实施企业化市场化运作机制，通过发挥市场作用，运用市场手段，整合各类资源，采取政府购买服务的方式，扶持壮大一批有一定运营基础的社会化服务组织，开展粪肥使用全过程服务、托管式服务、专业化服务，加快有机肥应用。招标采购商品有机肥供示范区群众使用，重点推广"有机肥生产企业收集处理+商品有机肥还田"服务模式。公开招标确定粪肥还田服务的社会化服务组织，通过先实施后补贴的方式，以粪肥还田数量和还田面积按亩均标准打包进行奖补；重点推广"分散养殖户+社会化服务组织统一处理+液态粪肥还田""分散养殖户+社会化服务组织统一处理+固态粪肥还田"运行服务模式，推动畜禽粪污资源化利用和化肥减量"双目标"的实现，打通种养循环通道。

（2）全程可核查机制。对粪肥还田社会化服务组织粪肥来源、数量、还田地块、种植主体、还田数量和还田面积、粪肥质量建立信息台账，实现全程可核查的机制，完善运营监督管理机制，以机制的落实促进粪肥还田服务，保障项目持续运营、长久发挥作用。

（3）建立粪肥还田监测评价机制。重点包括粪肥质量及养分、土壤养分监测及土壤土质的长期跟踪监测。

三、种植效益改变情况

绿色种养循环技术模式减少了化肥的施用量、增加了有机肥的施用量，消纳了大量的畜禽粪便，对土壤理化性状、农作物产量、农产品的品质及效益均有不同提升。粪肥还田的实施，为养殖企业节省了粪污处理的资金投入，促进了养殖业的发展；将大量的畜禽粪便制成有机肥进行还田利用，为粪肥处理企业创造了可观利润。有机肥的施用既减少了化肥用量，又使农产品更加安全无害。通过农户调查，有机肥施用后梨果品质大幅提升，沼液还田技术模式处理的可溶性固形物和单粒重较常规施肥均有所提高，商品价值也都有大幅提升，增加了果农的收入。通过增施有机肥，果蔬增产15%~30%，经济作物增产15%~20%，粮食作物增产9%~15%，比使用其他传统肥料作物品质更好，售价更高，每亩可节约成本15%~20%。实实在在鼓起了农民的钱袋子。

四、信息化系统应用情况

建立全程可追溯系统平台，系统平台设有养殖场（户）、粪肥收集、农户（家庭农场、合作社）、粪肥还田等模块。系统平台可以实现对粪污来源及收集量、还田数量、还田面积全程可追溯监管，同时建立台账管理，建立粪肥利用信息台账，实施长效管理运行机制，扎实推进粪肥还田。

韩庄粪污资源化利用中心对韩庄村140个机井全部进行了升级改造，统一更换了新的深井泵。全部铺设了灌溉管道，每个井配备10米^{3}不锈钢储肥罐和水肥自动化控制系统。目前已安装了60个井，每个罐控制面积50亩。统一制订果树施肥方案，统一水肥管理，以每个机井灌溉面积为单元，以机井井长为组长，将果农和果园组织起来。逐步增加液体生物有机肥料的施用量，实现每年每亩施入液体生物有机肥3~4吨，确保生产出有机、低氮优质水果。韩庄巨农现代农业科技有限公司自2021年以来连续2年参与实施了晋州市绿色种养循环农业项目，在全市累计实施液态粪肥面积11万多亩，增施液态有机肥10万多吨。

韩庄巨农现代农业科技有限公司目前配有大小罐车100辆，近年来通过惠农政策支持，以政府购买服务形式，统筹实施绿色种养循环项目，推广液体肥料，建设10米³不锈钢储肥罐900多个，实现水肥一体化高效运行，方便农户施肥用肥。

实际案例

河北省张家口市张北县绿色种养循环农业试点工作情况

一、服务组织培育情况

服务主体的好坏是决定项目是否成功的关键。2021—2022年张北县农业农村局通过采取政府采购方式（2023年采取遴选方式）确定了河北五行圆农业科技开发集团有限公司为项目服务主体，该公司是张北县最大的有机肥生产省级龙头企业，具备粪污收集、处理、运输、还田全程社会化服务能力。河北五行圆农业科技开发集团公司与张北县50万头生猪养殖规模的中粮家佳康（张北）有限公司具有长期的粪污处理合作关系，还和全县20多家养殖场、2家食用菌生产公司建立了合作关系，每年处理本地粪污（废菌棒）10万多吨。实施项目两年来粪肥质量受到农户的好评，很好地开展了社会化服务。

自2021年绿色种养循环农业试点工作开展以来，河北五行圆农业科技开发集团有限公司加大资金和农业机械投入，积极与养殖、种植生产主体对接，粪肥还田社会化服务市场规模不断扩大，进一步提升了专业化机械化水平以及服务水平。目前公司有生产车间4 520米²，发酵车间2 484米²，发酵堆料场5 000米²，农业机械17辆（台），年产堆肥、有机肥、生物肥达到10万吨以上，形成了养殖、种植、社会化服务等多方共赢的市场化机制。

二、种养循环机制建设情况

（1）形成一种制度，完善三种还田模式，开展社会化服务。建立"企业+养殖场+农户"相结合，"收集+加工+运输+施肥"为一体的全程社会化服务体系，推广商品有机肥还田、堆肥还田、沼液还田三种粪肥还田技术模式，推进社会化服务，发展循环农业。

（2）按照"以点带面、全县推进、树立典型"的方式进行布局，重点创建庙滩露地蔬菜种植园区和小二台马铃薯种薯繁育园区两个核心示范区，打造郝家营乡三义美村设施蔬菜现代化产业园区示范样板。

（3）加强监督管理，保障粪肥安全使用。在粪肥还田前委托第三方对准备还田的粪肥进行抽样检测，确保质量安全无问题。

（4）2021—2023年结合高素质农民培训活动，聘请项目指导组专家苏武臣研究员、河北农业大学彭正萍教授、河北省农业农村厅郝立岩研究员进行了项目政策及粪肥还田技术培训，在农民日报、中国畜牧兽医报等媒体宣传报道了绿色种养循环农业试点项目，重点介绍小二台镇核心示范区。项目还制作了宣传片，对绿色种养循环农业试点项目进行了全面总结推广。

三、种植效益改变情况

一是项目实施两年来，当地农户充分认识到粪肥还田的好处，都在积极争取项目落地，实施区域由9个乡镇扩大到16个乡镇，受益群体逐年增加。通过田间试验和21个效果监测点来看，在蔬菜、马铃薯、甜菜、莜麦等作物上推广应用商品有机肥（堆肥、沼液）+配方肥模式，作物增产幅度为 4.8%~9.7%，每亩效益增加 100~300 元。可减少化肥用量 3%~5%，每亩减少化肥投入 20 元左右，节省投入 200 万元。

二是带动了农户增施有机肥。在项目示范区，示范主体在项目的带动下，积极从养殖场购买牛羊鸡粪，堆沤腐熟后作底肥施用，减少底肥的化肥用量，实现了化肥减量不减产，全县农作物有机肥施用面积大幅提高。

三是通过项目实施过程中的技术服务，农民熟练掌握了堆肥沤制技术，为基地提供大量、安全、低价的有机肥，推动农业经营主体和农户发展绿色有机农业，提升了农产品品质，增加了种植收入。同时有机农产品认证面积的扩大，增加了有机牧草的种植面积，使得坝上成为全国重要的有机牛奶生产基地。

四、信息化系统应用情况

在粪肥运送过程中留存运送车辆的前后称重记录，农户接受签字确认并拍照建档，实现粪肥还田有据可查。在项目实施中深入地块现场检查粪肥还田情况，加强监管力度，发现问题及时解决。畜禽粪便堆肥与生态循环农业的关系密切。目前，堆肥技术已成为发展生态农业和改善农村环境的重要技术支撑，在秸秆、尾菜综合处理、畜禽粪便资源化利用、商品有机肥料的开发、有机肥替代化肥等行动计划中发挥着越来越重要的作用。最终能够实现农业废弃物的资源化利用，提高土壤肥力和产量，同时还可以减少环境污染，有助于实现农业的可持续发展。

（二）沼气发酵（原料、类型、过程、技术）

规模化畜禽业所带来的粪便污染问题日益严峻。传统的粪便处理方式有作为另一种动物的饲料、直接还田、处理后还田或作为肥料焚烧处理。这些处理都有不可调和的矛盾，无法适应现代畜牧业的发展。而沼气发酵法不仅可以彻底地解决粪便的污染问题，其处理后的产物都是有用的生活和生产资料，可以用于提供能源、生产肥料、作为饲料、培养食用菌等。沼气发酵工程必将出现强劲的发展势头，实现畜禽业生产的可持续发展。

1. 沼气发酵的含义

沼气发酵是利用厌氧细菌的分解作用，将有机物、碳水化合物、蛋白质和脂肪经过厌氧消化作用转化为沼气和二氧化碳。

沼气发酵具有生物多功能性，既能够营造良性的生态环境、治理环境污染，又能够开发新能源，为农户提供优质无害的肥料，从而获得综合利用效益。概括起来，沼气发酵在处理畜禽粪便方面有3个优点。首先，沼气净化技术使污水中的不溶有机物变为溶解性有机物，实现无害化生产，能有效地杀灭病原微生物，从而达到净化环境的目的。其次，沼气净化技术使有害的粪便得到有效利用，其所产生的沼气、沼液、沼渣都是很有用的生产材料。最后，沼气净化技术的整个工艺流程都是无污染的，除向大气排放一些 CO_2 外，几乎不释放任何有害物质。因此，沼气发酵法是畜禽粪便的最佳处理方式。

2. 沼气发酵的原料

选择沼气发酵原料时，需要考虑原料的有机物含量、碳氮比、pH 值、含水量等因素，以保证沼气发酵的正常进行，需要合理搭配不同种类。沼气发酵的原料主要是有机物质，包括但不限于以下几种。

（1）畜禽粪便。包括猪、牛、羊、鸡等畜禽的粪便，是沼气发酵的主要原料之一。畜禽粪便中含有丰富的有机质和微生物，适合发酵产生沼气。

（2）农作物秸秆。如稻草、玉米秸秆、麦秸等农作物的秸秆可以作为沼气发酵的原料，通过降解秸秆中的纤维素和半纤维素等有机物质产生沼气。

（3）食品加工废弃物。食品加工过程中产生的废弃物，如果皮、蔬菜残渣等，都可以作为沼气发酵的原料。

（4）城市生活其他有机物质。城市生活中的有机废弃物，如家庭和餐馆产生的果皮、厨余垃圾等，可进行沼气发酵。

（5）工业废水。某些工业废水中含有有机物质，可以进行沼气发酵，如酿酒厂废水、屠宰废水等。

需要注意的是，在选择原料时需要考虑其含水量、碳氮比、有机物含量等因素，以保证沼气发酵的稳定运行。同时，还需要注意原料的预处理和适量添加辅助材料，如稻壳、麦麸等，以调节碳氮比和提供养分，提高沼气发酵的效果。

3. 沼气发酵的类型

沼气发酵的过程是一种厌氧发酵过程，按照发酵温度可以分为常温发酵、中温发酵和高温发酵三种类型。

（1）常温发酵。是指当发酵原料中的碳氮比（C/N）处于平衡状态时，在微生物分解作用下产生沼气的过程。一般情况下，包括人畜禽粪便沼气池、以城市污泥为主要原料的沼气池等。

（2）中温发酵。是指发酵过程中微生物通过自身的调节作用，将适宜的温度控制在菌种活动的最适温度，产沼效率高的环境温度范围为15~35℃，发酵液处于这种中温稳定的状态称为中温沼气。以秸秆为发酵原料的沼气池常常采用中温发酵。

（3）高温发酵。是指发酵过程控制在45℃以上的沼气发酵过程。在这种条件下，主要利用纤维性原料，如秸秆粉、树叶粉等，并且要求有足够的碳氮比，有时还加入适量石灰以调节pH值。高温发酵主要用于养殖业粪污的处理和工厂废水沼气工程等。

不同的沼气发酵类型适用于不同的发酵原料和环境条件，需要根据实际情况选择合适的发酵类型。

4. 沼气发酵的过程

沼气发酵是一种厌氧发酵过程，主要包括以下几个阶段。

（1）发酵原料的分解。在发酵初期，微生物分泌出一些消化酶，将纤维物质分解成简单的有机物，如葡萄糖、脂肪等。这些分解产物在微生物细胞内氧化，同时释放出沼气。

（2）产酸阶段。随着发酵的进行，微生物逐渐繁殖，数量增多，微生物开始将一些非纤维物质合成自身细胞物质，同时产生有机酸、二氧化碳、氨等物质。这些物质进一步转化为沼气。

（3）产甲烷阶段。产酸菌繁殖到一定程度后，甲烷菌在产酸菌的基础上进一步繁殖，利用产酸菌产生的有机酸和氨等物质，合成甲烷，同时释放能量。这个阶段是沼气发酵的核心阶段。

（4）衰老阶段。当微生物生长繁殖到一定程度后，会进入衰老阶段。此时沼气产量下降，同时产生一些有毒物质，影响沼气发酵的效率和质量。

沼气发酵的过程需要适宜的温度、湿度、pH 值、碳氮比等条件，同时需要控制好发酵原料的质量和比例，以保证沼气发酵的顺利进行。

5. 常用的沼气发酵技术

（1）常规湿式发酵技术。将发酵原料与水混合形成能够流动的混合物，放入发酵池中发酵。发酵过程中需控制适宜的温度、湿度、pH 值和发酵液的搅拌等条件。

（2）固态发酵技术。采用高固态比，即更多的发酵原料、少量的水的方式进行发酵。常见的固态发酵方法包括堆肥发酵和静态桶发酵。这种技术适用于秸秆等纤维素含量较高的原料。

（3）高温发酵技术。发酵温度控制在 45℃ 以上，利用高温菌种进行发酵。这种技术适用于含有纤维素的原料，如秸秆、木屑等。高温发酵技术可以有效提高甲烷产率。

（4）串联发酵技术。将不同类型的发酵反应器串联起来，利用不同条件下微生物的特性发酵产生沼气。常见的串联发酵技术包括两相式发酵和三相式发酵。

（5）生物膜发酵技术。在发酵过程中形成生物膜，利用生物膜中的菌种进行发酵。这种技术能提高生物质和微生物的接触效果，增加发酵效率。

此外，还有进一步利用沼气的技术，如沼气净化、沼气利用发电以及将沼渣作为有机肥料等。这些技术的选择取决于不同的发酵原料、工艺要求和应用需求。

6. 沼气池正常运行需注意的问题

要充分发挥沼气池产沼气的效率，日常管理十分关键，总结为以下几点。坚持每天小进小出原料和及时补充新原料，这样可以保证产气均衡持久，并且变集中的高强度劳动为分散的低强度劳动，使沼气池日常管理变得轻松简单，冬季要采取保温和增温措施，否则将影响产气量，甚至停产。经常对池内容物进行搅拌，这样能使原料与接种物混合均匀，从而增加产气量。针对不同的原料采取不同的预处理方法，对于加快发酵启动，提高发酵原料的利用率具有重要的意义。对趋于恶化的发酵状况进行及时调控。

7. 沼气发酵技术处理粪便的效益

畜禽粪便沼气发酵在循环农业中具有多种应用，主要包括能源供应、废弃物处理、温室气体减排、土壤改良、养殖行业发展5个方面。同时，利用沼气发酵技术可降低养殖成本，提高效益，促进养殖行业的可持续发展。

（1）提供能源。沼气中 CH_4 的含量达 55%～65%，相当于天然气 CH_4 含量的 70% 左右，利用 CH_4 作为能源物质，用于生产和生活（如照明、取暖、发电、做饭等），可以节约大量的能源开支，甚至还可作为经济来源。沼气作为燃料，方便、卫生、热效率高，投资成本低。

（2）生产肥料。沼气发酵产生的沼液和沼渣都是很好的肥料，沼液可以用来浸种、浸根、浇花，还可以对作物、果蔬叶面、根部施肥，沼渣可以返田增加肥力，改良土壤，防止土地板结，减少化肥的用量。这类肥料是绿色的，无污染的，而且其成本也是极低的。

（3）养殖效益。沼渣养分丰富，其有机质、腐殖质、矿物质等含量丰富，含有大量的有机碎粒物和单细胞蛋白质微生物，可直接为养殖业提供饵料，也可先培植浮游生物后再用作养鱼饵料。

（4）环境效益。通过沼气发酵，可直接杀死病原体，改善城乡环境。畜禽粪便进入沼气池，经过较长时间的密闭发酵，病菌和寄生虫能够被杀死或沉淀到池底。另外，畜禽粪便直接进入沼气池，减少了蚊蝇滋生场地和畜禽粪便污染水源的机会，切断了病菌和寄生虫的传播途径。另外，用沼液防治病虫害，能够避免农药对环境的污染。由于沼液中存在着许多氨离子和多种微生物，并含有吲哚乙酸和赤霉素等物质，能够杀菌并对有害病菌具有抑制作用。用沼液代替药剂浸种和用沼液代替农药防治虫害，能够达到同样的杀菌和灭虫效果，用沼液防治病虫害可省掉购买药剂的费用，而更重要的是能避免药剂污染环境。

总而言之，随着规模化畜禽业的迅速发展，其所带来的粪便污染问题日益严峻。解决这一阻碍畜牧业发展的问题，传统的粪便处理方法已力不从心，沼气发酵法不仅优势明显，而且有其所特有的优点，可以充分变废为宝，彻底地解决这一问题。沼气发酵工程必将出现强劲的发展势头，并在规模效益、整体技术水平上有大幅度进展。

实际案例

京安现代农业年发 1 500 余万千瓦时绿电

河北省衡水市安平县通过专门的运输合作社,将县内规模养殖场的粪污,收到京安公司运营的粪污集中处理中心进行发酵处理,年产 657 万米^3 沼气,每年能发 1 500 余万千瓦时的绿电。沼气发电项目产生的沼渣、沼液,通过管线输送到园区有机肥厂进行固液分离,沼渣加工成固体有机肥,沼液加工成液体有机肥,整个园区废水废物零排放,实现了"畜禽粪污—沼气—电—热—有机肥—农作物—饲料—养殖"绿色种养循环农业发展模式。

在园区的有机肥厂,打包好的肥料正源源不断地输送下线,被机器手臂一包一包地抓起来,整齐地堆放在一旁,工人们正将包装好的固体和液体肥料装车外销。

"我们一年的有机肥产能约为 25 万吨,能够满足 30 多万亩农作物的有机肥需求。"公司负责人说,目前公司内有机肥采用订单式销售模式,除了供应省内,河南、山东、新疆、云南等地的订单也非常多。由于肥料中含有氨基酸、赤霉素等有机物质,可以有效改良土壤结构、防治农作物病虫害。

从畜牧企业到建设能源公司,再到全产业链的农业企业,这几年京安公司的角色转换,是安平县现代农业绿色发展的一个缩影。

安平县是全国生猪调出大县,全年生猪出栏 80 多万头。近年来,为破解生猪养殖产业带来的环境污染问题,安平县建立粪污资源化利用机制、市场运营模式、政策支持体系,实现了全县的养殖粪污和农林废弃物资源化利用,形成了"畜、沼、粮、热、气、电、肥"循环农业体系。依托京安公司,安平县建设大型沼气工程和粪污收储运体系,改进养殖场(户)粪污处理设施,实现养殖粪污有部门管、有企业收运处理、有农户利用,打通了种植和养殖两大产业,培育出了一个新型的农业废弃物治理产业。

2021年,安平县实施了绿色种养循环农业试点项目,实施耕地面积10万亩,项目涉及商品有机肥采购及物化补贴、沼液肥(畜禽粪污收集处理)配送还田服务补贴和试验检验三部分。

在项目实施过程中,安平县对全县粪污整县集中收集,通过厌氧发酵预处理,形成沼渣沼液后再进行无害化、肥料化加工,形成沼液肥,利用20余台沼液肥罐车和县域内58座液肥加液站,根据农户的需要,通过罐车作业喷洒或送至加肥罐,采用水肥一体化系统施用到地,改良10万亩农田土质,补齐从养殖到种植的关键循环,完成粪肥到农田的"最后一公里"。

安平县农业农村局相关负责人介绍,绿色种养循环农业试点项目在养殖废污资源利用和果蔬有机肥替代化肥两个项目基础上,以绿色发展、种养循环理念为引领,通过粪肥增加了土壤有机质含量,打通了种养循环关键点,通过粪肥还田,在一定程度上减少了化肥的施用,带动影响周边农户发展绿色、有机蔬菜种植,改善了农村的生活环境,推动了农业绿色高质量发展。

(三)其他发酵方式

除了常规湿式发酵、固态发酵、高温发酵、串联发酵和生物膜发酵等方式外,沼气还可以通过其他发酵方式产生,具体包括厌氧生物滤池、完全混合发酵法、横向流动床发酵、采用精细颗粒填料和共产酸、共发酵法等。

1. 厌氧生物滤池

通过在滤池中填充媒体(如河沙、陶粒等),使有机废弃物在媒体上表面形成生物膜,利用生物膜上的微生物进行厌氧发酵,产生沼气。

厌氧生物滤池在循环农业中具有重要的应用,主要应用于农田的污水处理和养殖废水的处理。厌氧生物滤池在循环农业中的应用如下。

（1）农田污水处理。厌氧生物滤池可用于处理农田产生的污水，包括农田灌溉水、农业废水等。污水通过滤池中的活性菌群降解有机物质，还原氮和磷等，从而减少对农田的污染。清洁的污水可用于灌溉农作物，有效提高水资源的利用效率。

（2）养殖废水处理。养殖业产生大量的废水，含有大量的有机物质、氨氮和磷等污染物。通过引入厌氧生物滤池进行处理，可以降解有机物质、氧化氨氮，并固定磷，减少废水中的污染物负荷。处理后的废水可以循环利用，用于循环水养殖或农田灌溉，实现废水的资源化利用与环境友好养殖。

（3）沼气生产。厌氧生物滤池也可以用于产生沼气，通过在滤池中进行有机物质的厌氧发酵，产生的沼气可用作能源供应。沼气既可用于滤池能源需求，也可外送给其他设施或建筑，如烹饪、取暖、发电等，实现能源的回收与利用。

（4）水质净化。厌氧生物滤池通过沉淀和生物降解作用，对养殖废水进行处理，使得处理后的水质得到净化，减少水体对环境的污染和对养殖鱼类生长的不良影响。

总体来说，厌氧生物滤池在循环农业中的应用可以降低农田污水和养殖废水对环境的负面影响，实现污水资源化利用、养殖水体净化和能源回收，促进循环农业的可持续发展。

2. 完全混合发酵法

将发酵原料和微生物混合均匀，借助搅拌设备保持均匀混合状态，进行发酵过程。这种方式能提供良好的反应环境，加快沼气发酵速度。完全混合发酵法在循环农业中有多种应用，主要包括以下几个方面。

（1）有机废物处理。完全混合发酵法可以用于处理农田、养殖场和农产品加工等产生的有机废物。这些有机废物包括农作物秸秆、畜禽粪便、厨余垃圾以及农产品加工过程中的剩余物等。通过完全混合发酵，有机废物中的有机物质被充分降解，转化为有机肥料和能源等有用产品。同时，发酵过程还可以杀灭有害微生物，减少废物带入环境的污染风险。

（2）肥料生产。完全混合发酵法产生的发酵物可用作优质有机肥料。由于发酵过程中有机物质被降解，废弃物中的营养元素更易于被植物吸收利用。使用这样的有机肥料可以改善土壤肥力，促进农作物的生长。

（3）能源生产。完全混合发酵法产生的发酵产物还可用于能源生产。发酵过程产生的沼气或生物气体可以收集并作为能源利用，用于农村生活用气、热能和发电等方面。这种能源利用方式不仅减少了对传统能源的依赖，还有助于减少温室气体排放，实现低碳农业的目标。

（4）污水处理。完全混合发酵法可以用于农田、养殖场和农产品加工厂等的污水处理。发酵处理可以有效地分解和去除水中的有机物质和营养物，提高水质的净化效果。处理后的水可以循环利用，用于灌溉农田或养殖用水，实现水资源的高效利用。

综上所述，完全混合发酵法在循环农业中的应用可以实现有机废物的资源化利用、肥料和能源的生产，同时还可以改善土壤肥力和水质，推动农业的可持续发展。

3. 横向流动床发酵

通过设计特殊的反应器，使发酵原料以横向流动的方式通过不同的反应区，接触速度更快，提高沼气产生速度和效率。

横向流动床发酵在循环农业中也有广泛应用。其工作原理是在床体中设置了多个流动通道，使得物料可以在各个通道中均匀分布并流动，这样可以在发酵过程中实现物料和微生物的充分接触，提高发酵效率。在循环农业中，横向流动床发酵可以应用于以下几个方面。

（1）畜禽粪便处理。横向流动床发酵可以用于处理大量的畜禽粪便，通过发酵降解有机物质，杀灭有害微生物，并产生沼气等能源产品。

（2）农业废弃物处理。横向流动床发酵可以用于处理各种农业废弃物，如农作物秸秆、废弃果蔬、农产品加工剩余物等。通过发酵，这些废弃物可以被转化为有机肥料和能源产品，实现废弃物的资源化利用。

（3）土壤改良和肥料生产。横向流动床发酵产生的发酵废弃物富含有机质和营养元素，可以作为有机肥料用于农田土壤改良。同时，发酵废弃物也可以直接在床体中完成进一步的降解和分解，提高肥效和利用率。

（4）污水处理和资源化利用。横向流动床发酵可以用于处理农业和养殖业产生的污水，通过微生物降解有机物质，去除污染物，同时实现污水的资源化利用，如用于灌溉农田或养殖用水。

综上所述，横向流动床发酵在循环农业中的应用可以实现废弃物的资源化利用、土壤改良和肥料生产，同时还可以提高发酵效率和能源产量，推动农业的可持续发展。

4. 采用精细颗粒填料

在发酵反应器中加入精细颗粒填料，填料与发酵液体的接触面积增大，可以促进微生物生长和沼气产生。

精细颗粒填料在循环农业中的应用主要包括以下几个方面。

（1）促进堆肥发酵。精细颗粒填料可以增加堆肥的表面积，促进微生物的活性，从而加速堆肥的发酵过程。此外，精细颗粒填料还可以改善堆肥的通气性和保水性，提高肥料的品质。

（2）改善土壤结构。精细颗粒填料可以增加土壤中的有机质含量，改善土壤结构，提高土壤肥力和保水保肥能力。此外，精细颗粒填料还可以提高土壤的通气性和渗透性，有利于植物生长和发育。

（3）提高肥料利用效率。精细颗粒填料可以提高肥料的利用效率，促进植物生长和发育。此外，精细颗粒填料还可以改善肥料的品质，减少肥料的使用量，从而降低农业生产成本。

（4）减少环境污染。精细颗粒填料可以减少化肥和农药的使用量，降低环境污染。此外，精细颗粒填料还可以促进堆肥的发酵，减少温室气体排放，对环境保护具有积极作用。

综上所述，精细颗粒填料在循环农业中的应用可以改善土壤结构，提高肥料利用效率，减少环境污染，促进农业的可持续发展。

5. 共产酸、共发酵法

在沼气发酵过程中，通过控制发酵液的 pH 值、温度和有机物质含量，使产酸厌氧发酵和产甲烷厌氧发酵同时进行，提高沼气产率。

共产酸、共发酵法在循环农业中具有广泛的应用。这种方法是将多种有机物质混合在一起，通过微生物的共同发酵，实现废弃物的资源化利用和环境的改善。在循环农业中，共产酸、共发酵法可以应用于以下几个方面。

（1）废弃物处理。通过共发酵法，可以将畜禽粪便、农作物秸秆、废弃果蔬、农产品加工剩余物等有机废弃物进行混合发酵，降解有机物质，减少污染，同时产生沼气等能源产品。

（2）有机肥料生产。共发酵产生的有机肥料富含有机质和营养元素，可以用于农田土壤改良，提高土壤肥力，促进农作物的生长。

（3）能源生产。共发酵产生的沼气可以用于农村生活用气、养殖场供气、发电等方面，减少对传统能源的依赖，实现能源的回收与利用。

（4）水质净化。共发酵法可以用于处理养殖废水、农田灌溉水等，通过微生物降解有机物质，减少污染，提高水质。共产酸、共发酵法在循环农业中的应用可以实现废弃物的资源化利用、土壤改良和肥料生产，同时还可以改善水质和环境质量，推动农业的可持续发展。

第五节 生产资料减量增效技术模式

一、农业生产资料的含义

农业生产资料是指农、林、牧、副、渔所需的生产资料的总称,是进行农业生产的物质要素。农业生产资料是农业生产过程中所必需的各种物质和资源,包括种子、农药、化肥、农具、农业技术等。下面分别介绍这些农业生产资料的主要作用。

(一)种子

种子是农业生产的基础,是农作物繁殖和生长的起点。种子的质量直接影响到农作物的生长和产量。优良的种子可以提供较高的发芽率和较快的生长速度,使作物在短时间内形成健康的植物群体,提高产量和品质。在现代农业生产中,种子经过基因改良和选育,可以适应不同的气候和土壤条件,提高抗病性和耐逆性,为农业生产提供更加可靠的保障。

(二)农药

农药是农业生产中不可或缺的一部分,主要用于防治作物病虫害和杂草。农药的使用可以保护农作物免受病虫害的侵袭,提高作物产量和品质。然而需要注意的是,农药的使用应该合理控制,过量使用会对环境和人体健康造成负面影响。因此,在实际生产中,应该根据作物和病虫害情况,选择合适的农药品种和剂量,并按照使用说明进行正确的施用。

(三)化肥

化肥是农业生产中重要的养分来源,主要用于补充作物所需的营养元素，如氮、磷、钾等。化肥的施用可以促进作物的生长和发育，提高作物的产量和品质。然而需要注意的是，化肥的施用应该适量控制，过量施用会导致土壤板结、环境污染等问题。因此，在实际生产中，应该根据作物和土壤情况，选择合适的化肥品种和剂量，并按照使用说明进行正确的施用。

（四）农具

农具是农业生产中必不可少的工具，包括犁、耙、收割机等。农具可以帮助农民完成农田的耕种、播种、收割等任务，提高农业生产效率。随着科技的发展，现代农具不断更新换代，智能化和自动化程度不断提高，为农业生产提供了更加便捷和高效的条件。

（五）农业技术

农业技术是农业生产中重要的支撑体系，包括农业科技、农业政策、农业市场等信息和服务。农业技术可以帮助农民掌握先进的农业技术和市场信息，提高农业生产效益和市场竞争力。同时，农业技术还可以为农民提供技术培训和服务支持，帮助农民解决生产过程中的技术难题。

综上所述，农业生产资料是农业生产的重要保障和支持体系。种子的优良选育、农药的合理使用、化肥的适量施用、农具的不断更新以及农业技术的支撑服务都为农业生产提供了更加可靠和高效的条件。然而，在实际生产中，应该根据作物和土壤情况以及市场需求等因素综合考虑，选择合适的农业生产资料并进行合理的使用和管理。

二、合理利用农业生产资料的意义

农业生产资料是农业生产的物质基础，决定着农业生产的效率和质量。种子是农业生产的第一步，决定着作物的产量和品质。农用机械如拖拉机、收割机等，可以提高生产效率，减轻农民的劳动强度。农药和化肥则是农作物健康生长和高产的重要保障，同时也要注意科学施用，减少对环境和人体的危害。饲料、兽药、水产养殖资料等则是养殖业的重要支撑，保障畜禽水产的生长健康。温室和养殖池设备为设施农业提供了稳定的生产环境。农用无人机、土壤测试仪器等高科技设备的运用，也为农业生产带来了新的机遇和助力。

然而，随着农业生产的不断发展和现代化进程，一些农业生产资料的过度使用和滥用，也带来了一些负面影响。比如农药、化肥的滥用导致土壤污染和环境污染，影响了生态平衡和人体健康。机械化生产的加剧也导致了农村劳动力空心化和农民就业问题。因此，农业生产资料必须科学使用，遵循循环利用的原则，保护土壤、水源和生态环境，实现农业可持续发展。

农业生产资料是重要的农业投入品，是连接工业与农业生产的桥梁，是发展现代农业的重要物资保障和基础。农业生产资料服务是现代循环农业生产的"入口"，因此，特别需要把好"入口关"。农业循环经济发展对农业生产资料供给服务具有一些特定的要求。第一，所采用的生产资料都应是无污染的、清洁的、环境友好型产品（或品种）和健康安全资料，特别是对化学农药、兽药、化肥和饲料添加剂等的安全要求。第二，所采用的生产资料都应是高效、低耗的材料与物品，如一些高效、高抗、优质的农作物品种，高效清洁能源，高效低耗农机具等。第三，所采用的生产资料大多能重复利用或容易回收利用，以实现农业循环经济的减量化排放目标。

总的来说，农业生产资料的选择和使用对于农业生产至关重要。只有科学合理地利用这些资料，才能提高农业生产的效率和质量，实现农业可持续发展的目标。希望未来在农业生产资料的研究和应用上能有更多的创新和突破，为农业现代化进程提供更多的支撑和动力。

三、农业生产资料的高效利用手段

（一）种子高效处理技术

随着农业科技的不断进步，高效种子处理技术在农业生产中的应用越来越广泛。通过科学地处理种子，可以提高作物的抗病虫害能力、增加产量、改善品质，进而推动农业的可持续发展。下面介绍一些常见的高效种子处理技术及其应用。

1. 膜包衣技术

膜包衣技术是一种常见的种子处理方法，通过在种子表面形成一层特殊的薄膜，可以保护种子不受或少受病菌、虫害等外界影响，提高种子的存活率和抗性。膜包衣技术还可以为种子附加一些生物活性物质，如生长调节剂、微量元素等，以促进种子发芽和幼苗生长。

2. 种子浸种技术

种子浸种技术是将种子浸泡在含有杀菌剂、生长调节剂等药液中，以达到杀灭病菌、促进发芽的目的。这种技术可以提高种子的发芽率和苗期抗逆性，减少病虫害的发生。而且，种子浸种技术可以节约药剂的使用量，减少对环境的污染。

3. 种子涂覆技术

种子涂覆技术是在种子表面涂覆一层保护剂、杀菌剂等物质，以提高种子的吸湿性、抗病性和抗逆性。涂覆剂的选择根据作物种类和生长环境的差异而定，可以根据具体需求添加合适的生物活性物质。种子涂覆技术可以延长种子的保护期，提高种子的综合利用率。

4. 种子热处理技术

种子热处理技术是利用热量对种子进行处理，以杀灭携带病菌等病原体的种子。种子热处理技术可以提高种子的纯度和活力，降低病虫害的发生，有助于作物的健康生长。在高温环境下进行种子热处理还可以激活潜伏于种子内部的胚乳和营养物质,促进苗期生长。

5. 种子贮藏技术

种子贮藏技术是为了延长种子的保质期和保存其营养物质而进行的处理。种子在贮藏过程中容易受到湿度、温度、氧气等环境因素的影响,因此合理的贮藏条件对种子的保存至关重要。适当的种子贮藏技术可以防止种子的活力流失,保证其良好的发芽率和生长能力。

综上所述,高效种子处理技术的应用在农业生产中具有重要意义,通过合理运用种子处理技术,可以提高种子的质量和抗性,降低病虫害的发生,增加农作物的产量和品质。农业科普工作应当加大力度向广大农民普及种子处理技术的重要性和操作方法,提升农产品的竞争力和市场价值,推动农业可持续发展。

(二)农药高效利用技术

1. 农业防治

农业防治方法是利用水分调节、科学施肥等管理措施创造不利于病虫害发生的环境,同时注重作物合理布局,采取间作套作等方式来预防或减轻病虫害发生。抗病品种选育也是农业防治中的有效方法,许多难以运用农业措施和农药防治的病害,特别是土传病害(如棉花枯萎病)、病毒病害以及林木病害,选育和利用抗病品种是最经济、有效的途径。因此,加大作物抗病品种的研究和应用推广,是农药减量控害的重要技术手段。

2. 物理防治

灯光诱虫技术是物理防治中应用最为广泛的一种防治方法,具有绿色环保、操作简单等优点,其原理是利用昆虫的趋光性对害虫进行诱杀。常见的杀虫灯有频振式杀虫灯、黑光灯、太阳能杀虫灯,对鳞翅目的飞蛾类、直翅目的蝼蛄类、鞘翅目的甲虫类害虫有显著的捕杀作用,还对畜禽设施中的蚊虫类害虫有捕杀作用。农田应用时,推荐每 2~3 公顷悬挂 1 盏杀虫灯。

3. 生物防治

生物防治技术是利用生物间的相互作用来防治病虫害。与传统的化学防治相比，虽然短时间内见效较慢，但是其防效期长，且具有绿色、环保的特点，更符合现代化绿色农业发展趋势。

利用生物防治技术时要注意不同区域的种植结构及环境条件的差异，要在掌握当地病虫害发生规律、特点的基础上，结合农作物的种植类型和地域特点，提前做好合理布局。释放天敌昆虫防治害虫在我国应用时间较长，尤其在温室大棚中应用较为广泛。在利用天敌防治害虫时要注意地域环境、作物种植结构以及害虫发生规律等特点，因地制宜地根据害虫的种类选择性释放天敌昆虫。如在果园释放赤眼蜂时，要注意释放期与靶标害虫卵期相遇。田间蚜虫较多时，可释放瓢虫进行防治。

昆虫性信息素是昆虫求偶时所分泌的能引诱同种异性个体进行交尾的微量挥发性化学物质，具有种的特异性，当雌成虫性成熟以及在适宜的环境条件下，即会启动求偶行为。利用昆虫的这一特性，开发了基于性信息素应用的群集诱杀和干扰交配防治重大农业害虫等方法。群集诱杀法利用昆虫性信息素与诱捕器相配套，大量诱杀雄虫，从而减少雌雄虫交配机会，达到降低子代害虫种群密度的目的。干扰交配法的原理是人为放置过量昆虫性信息素，干扰雌雄昆虫的通信系统而使其无法交配。田间应用时，也可将性诱剂放置在粘板上或诱捕器上诱杀雄虫来达到降低子代种群数量的目的。昆虫性信息素防治害虫具有高效专一、绿色环保、不伤天敌、使用便捷等优点，也是减少化学农药使用量的有效途径。

实际案例

昆虫信息素原理及应用

和人类主要依靠视觉不同，昆虫主要是靠嗅觉传递信息的。昆虫信息素是昆虫之间交流的化学语言。昆虫信息素的原理主要利用人工仿生的昆虫信息素调节昆虫行为，从而达到防治害虫的目的。信息素包括性信息素、聚集信息素、产卵信息素、报警信息素等，目前应用较多的是利用性信息素和聚集信息素，通过信息素诱芯大量诱捕法和信息素迷向防治法控制害虫。

大量诱捕法是模拟雌虫释放性信息素，引诱并捕获前来交配的雄虫，集中诱杀，降低下一代虫口密度。迷向防治法是释放大量性信息素掩盖雌虫性信息素气味，同时"麻痹"雄虫的触角，干扰害虫交配，以降低下一代害虫数量。

性诱剂好比是美人计，用"假姑娘"引诱"真小伙"；而迷向剂则不同，是干扰昆虫交配。一亩地释放出相当于近千万头雌虫发出的性信息素，让雄虫找不到雌虫。无法交配繁殖的虫子会在几天内自然死亡，等于给虫子做"计划生育"，也叫"不让男虫见女虫"。昆虫信息素不同于杀虫剂，虽然不能直接杀灭害虫，但可以有效防治并抑制害虫暴发，显著降低虫口密度。

用信息素进行大量诱杀或迷向防治，诱芯中的有效成分往往只有几毫克到几克，并且可以自然降解，对环境、天敌昆虫的损害基本可以忽略，不会破坏自然环境，也不会诱发害虫的抗性。同时，信息素还有一个优势，就是能和其他防治技术兼容，在使用农药的基础上补充应用，提高防效，减少农药用量。

昆虫信息素需要在害虫发生早期、虫口密度低时使用，并且要连续多年连片大面积使用，效果才会更好。使用过程中可应用监测技术，一旦发现害虫虫口密度大量增加，可及时增加产品用量或采用多种防控方式控制害虫。

每亩地只需用几克甚至几毫克昆虫信息素就可达到防效，虽然量很小，但功用却不可小视。信息素非常灵敏，专一性强，因为每种虫子都有不同的"交流语言"，防治只针对靶标害虫，持效期可达几个月。

　　信息素一开始使用成本要高一些，但是操作简单，人工成本低。连续用上两三年，虫量会越来越少，成本也会大幅下降，算下来比用化学农药便宜得多，还能提高天敌和中性昆虫数量，使区域生态环境逐渐恢复。

　　植物源农药是从植物中提取活性物质而制成的绿色农药，能破坏害虫的神经系统，抑制害虫的新陈代谢，从而有效杀死害虫。常用的植物源农药有苦参碱、印楝素、鱼藤酮等。由于此类农药是从植物中提取的活性物质而制成，所以具有低残留、环境友好等特点，随着可持续农业的发展，此项技术更具有发展空间及潜能。

4. 化学防治

　　化学防治在农业生产中发挥了重要作用，但由于长期频繁的大面积使用化学农药，使得害虫以及病原菌产生了一定程度的抗药性，农户为了达到预期的防治效果，就必须加大农药剂量和频次。长此以往，病虫害的抗药性不断增强，形成恶性循环，不仅加大了防治成本，对环境的破坏以及农产品质量安全的危害也难以估量。因此，在利用化学农药防治病虫时，建议采用复配型农药，通过不同农药的理化性质多方面防治害虫，以此来提高农药利用率。另外，可采用农药与增效剂混用的施药方式，增效剂可以增强药液的附着能力以及农药的延展性和分散性，使农药更容易吸收利用，以此来达到减量增效的目的。

（三）化肥高效利用技术

　　化肥对我国粮食产量的快速增长作出了巨大贡献，然而在粮食产量提高的同时，我国农业生产中存在化肥施用量过高，利用率过低的问题。农户受到传统思维"化肥施用量意味着粮食产量"的影响，在农业生产中不断追加化肥的投入量，造成了化肥的过量施用，引起土地板结,土地单个或多个元素富营养化等问题。过量施用化肥,不仅造成了农业环境的污染,还影响了农产品的品质。随着经济的发展与农业生产水平的提高,消费者在日常消费中越来越关注农产品的品质,因此需要农户生产质量更高的农产品以满足消费者需求,而生产高质量的农产品需要农户在生产中注重科学合理施肥,进行化肥减量施用,用绿色健康的生产方式进行农业生产。为了响应国家政策要求,保障粮食和农产品的有效供给,促进种植业的绿色高质量发展,总结了化肥减量增效"三新"。

1. 新技术

(1)轻简化施肥技术。利用现代化的施肥技术来代替人工施肥,从而减轻在施肥过程中的劳动强度,也可以减少人工施肥过程的肥料损失,提高经济效益。通过调整肥料的用量结构、比例、形态,利用一次施肥代替多次施肥。

(2)高效管理诊断技术。可以通过高效、快捷的测试技术来提高工作效率。应用土壤测试与植株诊断技术相结合的方式来进行植株全程营养诊断。

(3)精准调控。强化土壤、肥料、作物三者的协同作用,针对不同作物的生长特点与养分需求特点,采取基肥追肥统筹、速效缓释结合、养分形态配伍等施肥技术。

(4)合理利用数字化施肥技术。系统挖掘测土配方施肥的基础数据,强化土壤养分数字化管理。

2. 新产品

(1)缓释肥料。可以通过各种调控机制来使养分缓慢释放,满足作物全生育期间所需要的养分需求。减少因为环境及天气改变造成的肥料损失。用来减缓肥料释放的技术包括聚合物包膜、硫包衣、包裹肥料等方式。

(2)微生物肥料。针对不同种类的作物和不同的生长区域,选择匹配的功能性微生物肥料，如解磷解钾类微生物肥料、增产微生物肥料、低温秸秆降解微生物肥料、防病促生产类微生物肥料。

（3）合理施加稳定性肥料。可以在氮肥中加入脲酶抑制剂和硝化抑制剂，利用尿素水解和铵态氮硝化来延长肥料的作用时间。在施加稳定性肥料时，应该注意稳定性化肥的含氮量很高，溶解速度也较快，容易有烧苗现象的发生，所以施用时种肥距离应该保证在7厘米以上。

（4）水溶性肥料。主要施用的方式包括叶面喷施、蘸根浸种等方式。在施用时应该严格控制肥液的浓度。抓住叶面喷施的关键期和关键时间。

3. 新方式

（1）玉米种肥同播。采用种肥同播机可以将种子和底肥一次性施入土壤中。之前播种的植株秸秆粉碎还田后，秸秆的留茬高度应该低于8厘米，从而不影响机械播种。选择丰产性能好、抗逆性强的品种。0~20厘米的耕作土壤应该保持相对含水量在71%~75%。一般播种深度应该为3~5厘米，肥料的深度应该为10~12厘米。

（2）小麦的机械播种。在小麦播种前应该将化肥作为基肥一次性施加到土壤中，或者是播种时将肥料和播种作业一次性完成。可以采用播种施肥一体机，也可以在小麦播种前采用人工施肥或机械施肥，然后用旋耕机或深耕机进行耕种。

（3）采用水肥一体化。根据作物的种类、生长规律、种植方式、灌溉方式选择水肥一体化模式和水溶性肥料品种。通过合理增加灌溉次数，减少灌溉定额，增加追肥次数来提高肥料利用率。

（四）农机具高效利用途径

我国作为世界农业大国，拥有悠久的农业发展历史。在漫长的发展过程中，生产工具的进步在提升生产质量与生产效率方面发挥了巨大作用，是推动农业发展的一大重要因素。农业有三大发展趋势，分别是高效、生态和综合，农业用具市场发展趋势与农业的发展趋势相协调，生态农业是用现代科技的方式，保证食品健康优质的同时，获得高效益。为了迎合这一趋势，农业用具极可能从改进燃烧过程、回收利用废气和冷却水热量等方面着手，降低内燃机的耗油量。使用植物油、酒精和沼气等从农副产品或农村废弃物中获得燃料的内燃机，以及可以变换所用燃料的双燃料内燃机。利用太阳能、地热和火电站余热等烘干谷物和其他农产品，或将其用于温室和禽畜舍的采暖加温系统。未来发展农业机械化，农机具数量仍然是农业机械化建设的一个瓶颈。目前全国农业机械化水平偏低，农业机械化需求不足。未来农业机械化尤其是经济作物机械化，将需要有大型化、机械化程度更高的机械设备。

1. 健全农机推广体系和补贴政策

有效调动农业组织和农民发展农业机械化的积极性。健全市、县、乡三级农机管理、推广体系，为乡镇配备专业的农机推广人员。在实施中央农机购置补贴的同时，各地还需因地制宜，对地方特色机具实施补贴，并将补贴范围延伸到作业阶段，充分发挥补贴政策导向作用，将补贴补在农业生产真正需要的环节，实现耕种收各环节的补贴分摊。特别是在制种产业的全程自动化，以及中药材、蔬菜等特色产业的播种、收获等环节，可根据地块条件，采用大型播种机进行精量直播，以实现精准播种，为后期田间管理、增产收获打好基础，从而有效调动农业生产经营组织和农民发展农业机械化的积极性，优化当地农机装备结构，提升装备水平和作业水平，增强农业综合生产能力。

2. 规范引进新机具，探索农机服务新模式

农机具的推陈出新是产业发展的必然要求，各地在发展优势主导产业和区域特色产业时，要加大新机具引进示范及推广力度。可通过试验、示范、推广等流程，确保农机具的使用效率。在耕整地、种植、植保、收获加工等不同阶段，引进推广实用新型农机具，更好地服务农业生产各环节。同时，积极探索农机服务新模式，加强农机社会化服务体系建设，大力发展各类服务平台，推动农机社会化有偿服务作业由盲目流动向合同约定方向转变，由只提供收获服务向农作物产前、产中、产后服务延伸。

3. 加快小型农机具研发，加大农机手精细化作业培训

我国西部地区和山地丘陵地区耕地零散、不平整，加之标准化生产还未普及，一些大型机械不适用于某些农业生产环节。因此，要根据实际需求，研发真正适用于特色产业及传统产业发展环节的小农机具，加快特色产业全程机械化进程。聚焦当前果蔬茶整机空白领域，以及"卡脖子"关键零部件，展开空白领域和关键零部件识别、研发和制造推广，要促进研发、制造、推广一体化，打通农业机械产学研推用各环节堵点，促进农机研发制造与推广应用协调发展。要及时跟踪评估当前开展的研发、制造、推广一体化试点效果。此外，农机手的操作水平也是制约农业机械推广应用的因素之一。各地在现行开展的农机手持证上岗培训基础上，应加大力度开展农机手精细化操作技能培训，通过等级评定等方式，培养服务农业高质量发展的农机操作人才。

（五）农业产业一体化的途径

研究农业技术过程中的科技创新问题，提高科技创新能力，是推进农业和农村现代化的源泉和动力，是实现农业增长方式转变的关键，是推动新的农业科技革命，实施科教兴农和农业可持续发展的需要。科技创新与农业产业一体化可实现我国农业现代化的目标。

1. 农业科技

广泛采用农业高新技术，建立技术密集型，科技含量高的农业，不仅能大大提高土地生产率和农产品质量，有效地提高农业的可持续发展能力，而且对于改善不良的耕作制度，保护和抵御自然灾害，改良土壤，防治沙化，以及建立良性循环的生态环境都具有十分重要的作用。因此，依靠农业高新技术，是发展可持续农业的一项必不可少的重要措施，对实现农业产业化起到了关键性的作用。农业高新技术主要体现在以下几方面。

(1) 生物技术。它是定向地、有目的地进行农业生物遗传改良和创制的一门高新技术，包括基因技术、细胞技术、酶技术和发酵技术等。

(2) 信息技术。主要包括农业决策支持系统研制与开发、虚拟农业研究、农业信息网络化技术、专业实用技术信息系统及专家系统的研制，全国共享的农业经济、资源、信息网络等。

(3) 核农业技术。为农作物品种改良和资源创新创制了一个强有力的技术手段，也为农副产品的延贮保鲜开辟了一条新的有效途径。

(4) 设施农业技术。主要指工厂化种植和养殖、计算机农业控制等现代技术设施所装备的专业化生产技术。

(5) 多色农业技术。绿色农业是指生态农业技术和可持续发展技术。蓝色农业指水产品和水体农业。白色农业是指食用微生物产业、食用菌的生产和加工。

(6) 移植、常规技术组装配套。工业和国防等其他行业高新技术向农业的移植，以及各种常规农业技术融合、交叉、渗透，或者组装与高效的配置，组成一个有机复合技术群，从而达到整体大于个别之和的效果。

2. 农业政策

农业作为国民经济的基础和农村经济的支柱，对于一个国家的发展至关重要。农业政策则是指国家在农业发展过程中所制定的一系列规章制度和政策措施。农业政策的制定和实施对于促进农业的现代化可持续发展以及保障粮食安全等方面都发挥着重要作用。农业政策的制定需要遵循以下原则。①要从中国的具体国情出发，把握生产关系的变革或调整。②有利于调动农民生产积极性，合乎经济发展的客观规律。③必须实事求是，有利于生产力的发展。④要依靠科学技术的进步来促进农业发展。⑤要走可持续发展道路。

农业政策手段主要包括以下几类。

（1）耕地地力保护补贴政策。这类政策主要用于支持耕地地力保护，补贴对象通常为拥有耕地承包权的种地农民。补贴依据可能包括二轮承包耕地面积、计税耕地面积、确权耕地面积或粮食种植面积等。补贴标准和具体的补贴依据由省级人民政府结合当地实际情况决定。补贴资金通过"一卡通"等方式直接发放到农户手中。

（2）农机购置补贴政策。自2004年起，中央财政开始实施农机购置补贴政策，旨在通过财政补贴支持农户购置农机具。该政策促进了农业物质技术装备水平的提升，并推动了农业机械化和农机装备产业的发展。补贴对象涵盖从事农业生产的个人和组织，补贴机具种类由各省根据实际需求选择确定。

（3）高标准农田建设支持政策。建设高标准农田是提升粮食综合生产能力和保障国家粮食安全的重要举措。国家通过中央财政转移支付和中央预算内投资支持高标准农田建设，优先考虑"两区"和永久基本农田保护区内的项目，以及贫困地区和高标准农田建设的新型经营主体。

（4）政策性农业保险。政策性农业保险由政府主导推动，财政提供保费补贴，旨在引导农户参与农业保险，并通过税收优惠激励保险公司参与。保险费为中央财政、地方财政和农户共同承担，有助于建立农业风险防范机制，分散农业经营风险，稳定和巩固农业基础地位。

以上各项政策手段都是为了支持我国农业发展和农民生活，实现乡村振兴战略的目标。

3. 农业市场

（1）农业市场现状。当前中国的农业市场现状呈现以下几个特点。

一是农业生产能力稳步提高，主要农产品产量持续增长。积极推进农业结构调整，发展高效节水农业和加强农业科技创新与装备升级，提高农业生产效率。

二是农业产业结构不断优化。传统农业的比重逐渐下降，现代农业的比重上升。农业产业链条延伸，农业多功能性逐渐凸显，如观光农业、休闲农业等新型业态的发展。

三是农业科技创新能力不断增强。政府高度重视农业科技发展，加大科研投入和创新力度，推动了新品种、新技术、新机具的研发，提高了农业生产的科技含量和竞争力。

四是农业生产方式相对落后。部分农业生产仍依赖传统方式，技术含量和机械化水平有待提高。特别是在农村初级工业制品的生产方面，效率和竞争力相对较弱。

五是农村剩余劳动力转移问题。农村人口众多，剩余劳动力市场供过于求，同时劳动力素质和专业技能水平有待提升。

六是农村资源利用和市场机制完善。农业经济发展过程中面临资源浪费和环境污染问题，市场机制尚不够完善，需要进一步加强市场监管和市场建设。

（2）农业市场发展。随着经济的发展和人口的增长，农业市场逐渐成为国家经济的重要组成部分。农业市场的发展对于促进农民增收、提高农产品质量、保障粮食安全、改善农村就业等方面起到至关重要的作用。

随着农业科技的进步和农产品加工技术的提升，农业市场面临许多机遇和挑战。

首先，随着城市化进程的加快和居民收入的提高，人们对农产品的品质和安全性要求也越来越高，这对农产品的质量提出了更高要求。农业市场需要加大投入，提高生产效益，加强农产品的质量监管，增加消费者的信任度。

其次，农业市场在环保和健康方面面临新的挑战。随着环保意识的增强，人们对农业生产的环境污染问题越来越关注，这对农业市场提出了新的要求和挑战。农业市场需要加强生产过程的环境保护，减少农药、化肥等对环境的污染，推动绿色农业的发展。

最后，农业市场在市场竞争和创新方面也存在挑战。随着市场的开放和竞争的加剧，农业市场需要加大技术创新力度，提高农产品的附加值，增强市场竞争力。农业市场需要大力推进农业产业化、规模化、品牌化发展，提高农产品的竞争力和附加力。

为了促进农业市场的发展，国家实施了一系列政策支持。

首先，国家加大对农业科技的投入，提高农业生产的技术含量和效益。鼓励农业科技创新和知识产权保护，鼓励农民利用现代科技手段提高农业生产效益。

其次，国家加大对农产品质量监管的力度，加强农产品质量安全监测和溯源体系建设。建立了农产品质量追溯体系，提高农产品的质量监管水平，保障农产品的安全性。

最后，国家加大对农业产业化发展的支持力度，推动农业现代化的发展。鼓励农民组织自主经营、互相合作，推进农业产业链的发展，加强农产品加工和流通环节的规模化、集约化发展。

农业市场的发展也面临一些挑战。

首先，农村劳动力的流失使得农业生产面临人才短缺的困境。农民子女的教育水平提高后，更倾向于进入城市就业，农业产业需要加大人才培养力度，提高农民的生产技术水平。

其次，农业产品的价格波动对农民的收益造成一定的影响。农业市场受到自然灾害、市场供求关系等因素的影响，农产品价格波动较大，政府需要加强市场调节力度，提供合理的价格支撑，保护农民的利益。

最后，农业市场的信息不对称也制约了市场的发展。农民对市场需求的了解程度不足，在市场交易中常常处于弱势地位。农业市场需要加强信息的公开透明，提高农民的市场信息获取能力。

综上所述，农业市场的发展对于国家经济的稳定和农村地区的发展至关重要。政府需要加大政策的支持力度，推动农业市场的规范化发展。同时，农民也需要加强自身的技术培训和市场信息获取能力，提高农产品的质量和附加值。只有共同努力，才能推动农业市场的发展，实现农民的增收和农村地区的繁荣。

第六节　绿色高效防控集成技术模式

从整体上来看，绿色防控是指从农田生态系统整体出发，以农业防治为基础，积极保护利用自然天敌，恶化病虫的生存条件，提高农作物抗虫能力，在必要时合理使用化学农药，将病虫为害损失降到最低限度。它是持续控制病虫害，保障农业生产安全的重要手段。

绿色防控是一项持久的植保系统性工程，是以促进农作物安全生产、减少化学农药使用量为目标，采用生态调控、生物防治、物理防治，结合科学用药等措施，来控制有害生物的有效行为。

一、发展绿色防控技术的必要性

当前，随着"农药零增长"行动的持续深入实施，农业生产正朝着稳产、优质、高效、生态和安全等方向推进。绿色防控也以其特有的优势，在病虫害防治中扮演越来越重要的角色。

（一）绿色防控是新时期植保技术的发展方向

我国农业每年病虫害发生面积约70亿亩次，防治面积达80亿亩次。农药的过度使用，导致产生农药残留超标、生态环境污染、有害生物抗药性加大等诸多负面问题。农产品生产安全和质量安全问题也时有发生。现阶段，中国步入新的发展时期，社会主要矛盾已发生变化，社会各界对食品安全和环境安全问题的关注度不断提高。形成的一个共识是，更需要与自然和谐相处，生产、生活、生态和谐发展。在农业资源环境日益紧缩的今天，要实现优质生态，就必须实现农作物病虫害防治减量增效。大力发展绿色防控，走绿色之路，是新时期对植保技术的要求，也是农业生产发展的方向。

（二）绿色防控是环境保护底线的技术手段

底线是不可逾越的警戒线，"守乎其低而得乎其高"。关于粮食安全和生态环境，"中国的饭碗要牢牢地端在自己手里""绿水青山就是金山银山"，习近平总书记用具有忧患意识的大局观、整体观和长远观，表达了我国农业要绿色可持续发展的理念。而要扭转我国农业生产长期过度依赖农药的局面，提高病虫害防控效率，守住生态环境底线，就必须依靠绿色防控，不断促进由主要依靠农药防治向"生态控害+科学用药"的现代绿色防控方式转变。

（三）绿色防控是实现农药零增长的重要途径

近年来，我国农作物病虫害呈多发、频发、重发等特点，防治难度进一步加大，农业生态安全、农产品生产和质量安全面临更大的挑战。

二、绿色防控技术集成基本原则

（一）必须遵循病虫害综合治理基本原则

绿色防控技术集成应用更强调从增强农田生物多样性和保护利用天敌入手，组装及配套使用多种不同的天敌友好型防治技术，最大限度地减少化学农药的使用。以作物健康栽培为基础，组装和配套良好的农业栽培措施。从科学使用农药入手，杜绝高毒、高残留和高污染农药的使用。

（二）必须遵循轻便和简单原则

绿色防控技术集成的目的是促进绿色防控技术的推广应用，要通过进一步的技术熟化开发、组装配套和规范化，实现复杂技术的轻简化，从而提高绿色防控新技术采用比率，解决绿色防控技术的使用成本过高和劳力投入过多问题。

（三）必须遵循规范化和标准化原则

绿色防控技术集成的基本过程是由技术选择、应用技术研究、技术组装配套、技术标准化 4 个环节组成的重复循环。其中，绿色防控技术选择与组装应从农田生态系统的整体出发，追求病虫害高效的可持续治理效果，追求生态系统服务功能提高所产生的生态效益，追求农产品质量提高所产生的社会效益。不是单纯要求短期防效和简单追求经济效益。应用技术研究和技术标准化，更多地要考虑技术的轻便化和规范化。

三、常见的绿色防控技术

（一）精准物理诱杀技术

精准物理诱杀技术主要包括窄波 LED 杀虫灯、黄红双色诱虫板。杀虫灯是农场、果园、茶园、蔬菜基地等露地生产基地重要的害虫物理诱杀工具，是第一道防线。分析主要害虫和优势天敌的趋光光谱差异，确定农场、果园、茶园、蔬菜基地等露地生产基地害虫精准诱杀 LED 光源，并结合风吸负压装置研发出高针对性窄波 LED 杀虫灯。诱虫色板是防控小绿叶蝉、蓟马、黑刺粉虱等刺吸式害虫的主要技术。使用黄红双色的天敌友好型色板，可使刺吸性害虫发生高峰期虫口至少减少 30%。

（二）性诱杀技术

性信息素是鳞翅目害虫求偶交配过程中，雌虫释放、雄虫定位雌虫的信息物质。性诱杀技术就是利用人工模拟出来的性信息素即性诱剂，诱杀求偶雄虫，减少田间害虫的交配概率，进而降低下一代害虫的发生数量。性诱剂具有高效、专一性强、用量低、不杀伤天敌、不污染环境等优点。例如，针对茶园鳞翅目害虫，目前已提出灰茶尺蠖、茶尺蠖、茶毛虫、茶蚕、茶黑毒蛾、湘黄卷叶蛾、茶小卷叶蛾、茶细蛾等 8 种茶园主要害虫的高效性诱剂。其中，灰茶尺蠖高效性诱剂诱杀一代灰茶尺蠖雄蛾的防效达 50%。连续诱杀两代，防效可达 67%。

（三）生物防治技术

生物防治主要包括生物农药和天敌释放。以茶园为例，目前针对茶园鳞翅目害虫，拥有病毒制剂、短稳杆菌、苏云金杆菌等高效生物农药。其中，病毒制剂专一性强、持效期长。短稳杆菌具有一定的广谱性、速效性好。针对茶小绿叶蝉、茶棍蓟马等小型刺吸式害虫，有除虫菊素、印楝素、茶皂素等多种植物源农药。但这些生物农药的防治效果均不理想，可通过混用、增加施药次数提高防治效果。释放天敌方面，目前生产上使用比较多的是释放捕食螨防治茶树害螨。在跗线螨、茶橙瘿螨等害螨螨口数量上升初期，按每公顷 102 万头的量释放胡瓜钝绥螨，防治效果可达 80%。

（四）良好农艺措施

良好农艺措施以茶园为例，包括秋冬季石硫合剂封园、冬季深翻施肥、合理修剪勤采等。秋冬季石硫合剂封园对降低翌年早期的螨害和叶部病害有很好的预防效果。冬季深翻可破坏尺蠖、象甲等害虫的越冬场所，减少翌年害虫发生数量。由于茶蚜、茶小绿叶蝉、茶橙瘿螨、茶跗线螨等茶园害虫主要发生在幼芽嫩梢上，因此合理修剪、勤采可采去大量的虫口，并恶化这些害虫的发生条件。

（五）化学防治

化学农药防治也是绿色精准防控中不可或缺的一项技术。以茶园为例，化学农药的使用在很大程度上保障了茶叶的产量和质量，尤其在有害生物暴发期，化学农药起到了立竿见影的效果。在今后一段时期内，化学农药仍将起到重要作用。为最大限度保证饮茶者安全，应选择低水溶性且环境风险小的农药品种，并规范使用农药。

实际案例

健全绿色防控网　香嫩脐橙满崀山

1. 基本情况

新宁县位于湖南省西南部，以山区丘陵为主，县境内生态优良，发展脐橙历史悠久，现有脐橙种植面积50万亩。近年来，新宁县建立了脐橙绿色发展技术集成示范基地，构建脐橙绿色发展技术体系，通过技术示范与推广应用，带动全县8万亩脐橙生态种植，促进了脐橙产业的高质量发展。

2. 主要做法

依托农民合作社，在黄龙镇的三星村、羊坪村建立脐橙绿色发展技术集成示范基地，创新构建集"监控预警+生态控制+生物防治+物理防治+理化诱控+科学用药"于一体的脐橙绿色发展技术体系。

一是监控预警。建立完善脐橙病虫发生动态预测预报观察监测点，建立1个大实蝇成虫羽化监测点、3个木虱监测点。定点、定树、定人，及时掌握病虫发生动态趋势。

二是生态控制。通过山顶戴帽绿化、果园主干道种植高大绿化树种、支道种植防护篱等措施，营造适合脐橙绿色发展的生态防护林系统，促进脐橙园生态系统的平衡与协调，降低果园风速、减少水分蒸发、提高空气湿度、改善土壤水分状况，促进脐橙病虫害天敌繁殖，减少病虫害。

三是生物防治。按每株脐橙1袋（>1 000只）释放捕食螨等柑橘害虫天敌，捕食害虫；橙园生态养殖家禽，减少橙园杂草及虫源基数；应用植物源和微生物源制剂印楝素、除虫菊素、阿维菌素、核型多角体病毒等控制脐橙病虫害。

四是理化诱控。应用太阳能或频振式杀虫灯诱杀天牛、金龟子、尺蠖、潜叶蛾等害虫成虫,一般单灯控害面积为30~50亩。利用脐橙害虫对颜色的偏嗜性原理,采用诱虫黄板控制蚜虫、木虱、粉虱等害虫,采用诱虫蓝板控制脐橙蓟马;每亩果园悬挂诱虫色板20~25张。合理使用性诱剂诱捕和色诱剂诱杀害虫。

五是科学用药。施用低毒低残留农药,优先选择生物源农药,禁止施用高毒高残留农药,严格农药施用备案制度。掌握防治关键时期和农药安全间隔期,采用"一喷三省"增效减量精准施药技术,科学合理使用农药。

3. 主要成效

初步构建脐橙绿色发展的技术体系、推广应用模式和政策服务体系,示范与推广应用区内的脐橙主要病虫害防控效率由80%提高到90%以上,为害损失率由10%调减到5%以内,化学农药使用量减少30%以上,优质果率由75%提高到85%以上,亩均增产300千克以上,亩均增收达1 000元以上。2020—2021年,绿色发展技术体系推广应用面积达10万亩。

第七节 其他生态农业配套技术模式

一、立体循环种养模式简介

立体养殖是在传统养殖模式的基础上发展起来的,可以看作多种传统养殖模式的一种高效结合,它充分利用环境各部分的不同属性和所涉及农作物及养殖物生存所需要的特定环境,将其有机地结合在一起,完整地利用了环境各个不同的部分，在相同面积的土地上发挥最大效益。立体农业种植模式以提高土地利用率、降低生产成本、增加农作物产量和品质为目标，是适应农业现代化和农村产业结构调整的需要。近年来，随着农民科学种植、科学管理的推广，立体农业在我国农村得到了广泛应用和积极推动。立体农业的发展趋势是以科技创新为驱动，以资源高效利用、绿色农业、循环经济为导向，通过提高农产品的附加值和农业综合效益，促进农民增收致富的可持续发展。

生态立体养殖是近年来在我国农村大力提倡的一种生产模式，其最大的特点就是在有限的空间范围内，人为地将不同种的动物群体以饲料为纽带串联起来，形成一个循环链，目的是最大限度地利用资源，减少浪费，降低成本。利用无污染的水域如湖泊、水库、江河及天然饵料，或者运用生态技术措施，改善养殖水质和生态环境，按照特定的养殖模式进行增殖、养殖，投放无公害饲料，也不施肥、撒药，目标是生产出绿色食品和有机食品。常用的立体循环养殖模式有以下几种。

（1）鱼菜共生模式。这种模式下，鱼类和蔬菜种植在同一水体中，鱼的排泄物可以为植物提供营养物质，而植物的根系和光合作用则为鱼类提供了必要的氧气。

（2）鸡、鸭、鱼共生模式。在这种模式下，鸡和鸭在水中活动，产生的粪便会污染水质，而鱼类可以在这些环境中生长，同时利用鸡、鸭的粪便作为食物来源。

（3）鱼—虫共生模式。在水中养殖鱼类，并在水中培育水生昆虫（如线虫、红虫），昆虫可以作为鱼类的食物来源。

（4）融合种养模式。将畜禽、种植和养殖有机地结合起来，形成一个多功能的生产体系。

（5）土—鱼共生模式。利用土壤和水体的相互作用，将鱼类养殖和植物种植相结合，鱼类排泄的粪便可为植物提供营养。

（6）鱼—龟共生模式。在水中养殖鱼类，同时饲养乌龟，乌龟可以帮助清除鱼类粪便和水体中的杂物,维持水体的清洁。

(7)水牛—菜共生模式。将水牛与植物种植相结合,水牛的粪便为植物提供营养,同时利用水牛进行田间的耕作。

(8)鱼—藻共生模式。在水中养殖鱼类,同时培育藻类,藻类通过吸收鱼类排泄物和其他废物,为鱼类提供食物和氧气。

此外,还有一些其他的立体循环养殖模式,如鸡—猪模式,用饲料喂鸡,鸡粪经发酵处理后喂猪。鱼—桑—鸡模式,鱼池淤泥及鸡粪用作桑树的肥料。牛—鱼模式,牛粪喂鱼,塘泥作农作物的肥料等。

二、立体种养模式分类

立体种植养殖模式可以分为三种,垂直种植模式、屋顶种植模式和船舶种植模式。

(一)垂直种植模式

垂直种植模式是垂直种植管理系统,通过使用高科技管理技术,从事农业生产的一种新模式,它可以将作物在空中进行种植,可以极大地提高土地利用效率,使作物的产量更丰富,品质更优良。垂直种植模式的一大优点是它可以减少水耗,减少空气和土地污染。此外,要管理垂直种植系统,还需要在系统中使用计算机、传感器等设备,实现对作物生长环境的精细管理,并实现对水分、养分和肥料等的精准控制。

实际案例

北京中粮智慧农场

北京琉璃河镇,坐落着中国首个世界级都市农场——中粮智慧农场。

在这里,蔬菜无须栽种于土壤,甚至无须自然光,产量却可达常规种植的3~5倍。灌溉和施肥无须人工劳作，而由水肥一体化灌溉系统精准完成，比大田漫灌节水70%~80%。种植空间不只限于平面，还可垂直立体，节约土地高达80%。每种作物的生长进程，都由物联网系统监控、测量、采集并分析，确保最佳生长效率……走进中粮智慧农场，就像进入一个集智能化、工厂化、自动化于一体的现代都市农业体验馆，闪烁着科技与智慧的光芒。

定位于"现代农业的科技示范"和"都市农业的生态样板"的中粮智慧农场，由中粮集团与中国农业科学院携手打造，投资约3.8亿元，集中了7项世界领先技术、11项国内领先技术和9项中国农业科学院专利技术。这些新技术的应用大幅降低了农作物对能源、资源的消耗，为现代都市农业和新型城镇化建设提供了示范和样本。

智能技术为都市农业提供可复制模式，高14米，占地超过5 000米^2。走进中粮智慧广场的垂直农业技术综合馆，你便走进了国内最高的温室建筑，阳光透过高阔的玻璃顶棚洒向温室里的各种植物，生机勃勃。

综合馆中，视觉冲击力最强的当属"旋转追光系统"，整个系统高9米，占地384米^2，如一幢多层小楼耸立于温室中央。3 600余个花盆状的栽培槽，整齐地吊挂在"楼"的每一层，"花盆"里栽种着新西兰菠菜、奶油生菜、大叶茼蒿、白凤菜等蔬菜。为了让每株植物平等地享受光照，3 600株植物随着旋转系统缓慢移动，景象颇为壮观。一株株翠绿的蔬菜好像吸饱了养分，在阳光下舒展着鲜嫩光洁的叶片。没有虫洞、暗黄，也没有肥料气味，只有满眼绿意和清新的气息。

旋转追光系统是中粮集团与中国农业科学院的专利技术，由荷兰制造商量身制造，通过机械化和数字集成控制系统，使追光系统自动旋转，保证植物受光均匀，并采用高效的水肥一体化装置，为植物时刻保持充足的养分供应，蔬菜年产量可达到11万株，单位面积蔬菜产量达到露地生产的4~5倍。

植物生长离不开光合作用，终日不见阳光的地方也能种植作物，在人工光植物工厂外，参观者可透过玻璃一窥究竟。原来，代替自然光、确保作物茁壮生长的"人工光"，竟是一种粉红色灯光。人工光植物工厂应用了世界领先的LED补光技术，通过对植物生长所需光谱的有效分析，提供专业植物补光方案。综合馆里另一惹人注目的是一大片绿油油的奶油生菜田，仿佛又把人带回田间地头，可走近一瞧，这些菜竟全部漂浮于水面上——这是世界领先的温室全自动立体无土栽培技术和荷兰干式水培技术。

把装有轻质育苗基质的泡沫穴盘漂浮于水面上，秧苗在育苗基质中扎根生长，并能从基质和水床中吸收水分和养分，这项技术可实现全过程自动播种、自动定基质、自动配液、自动机械化采收等操作，能提高50%的产量，减少50%的人工，对国内无土栽培技术的提升具有引领和示范作用。智慧农场里所有蔬菜都是无土栽培，种植品质可达到A级绿色蔬菜品质。无土栽培和垂直农业等技术的应用在国内居于前沿。这些技术可在城市高楼大厦里或无法进行土壤种植的地方应用，不仅解决我国能源短缺的问题，而且高产高效，安全环保，为都市农业发展提供了可复制、可推广的新模式。

物联网让植物达到最佳生长率，运用精准环境控制系统，实现了整体温室环境的精细化管理，通过这项技术，生产温室的工作人员由60人减少到24人，极大节省了人力成本。植物每一个阶段的生长数据、环境、病虫害情况，都反馈到系统终端，由处理器进行数据分析，哪有问题就进行调整，让植物达到最佳生长效率，逐渐形成合适的种植模式。

（二）屋顶种植模式

屋顶种植模式是一种有效的城市农业生产方式，通过在城市建筑的屋顶进行农业生产，可以在城市新增农业生产用地和保障粮、菜、肉类产品的供应。屋顶种植模式还可以极大地改善城市的生态环境，减少城市空气污染和热岛效应，使城市空气质量得到提升，夏季高温季节屋顶温度得以控制。

（三）船舶种植模式

船舶种植模式是指在海上特制的货船上进行养殖农业生产，如水产养殖、海波养殖等。这种模式可以帮助渔民船员在海上生活，提供各种农产品和海产品，解决了传统农业生产模式中的生态和环境问题。

三、立体种养模式的优势和劣势

（一）优势

立体种养模式相对于传统的农业生产模式，有以下优势。

1. 空间利用率高

通过立体种养模式，农业的种植和养殖可以充分利用空间，增加产量，提高资源利用效率。

2. 生产周期短

立体种养模式可以充分利用光、热、水等资源，缩短作物的生长周期。

3. 减少污染排放

立体种养模式可以实现对种植环境的精细控制，减少农业生产中的废弃物和排放物，减少土壤、水和空气的污染。

（二）劣势

1. 投入成本高

立体种养需要高昂的设备和技术投入，区别于传统仅需土地空间投入的成本，同时也需要较高的工人技术和管理成本。

2. 自然灾害风险增加

立体种养模式存在一定的保障不足，如出现火灾、坍塌等风险，会带来极高的风险和损失。

3. 运营压力和管理难度增加

立体种养模式由于操作较为复杂，需要较高的人员管理技能，同时也容易受到环境条件的影响。

总之，立体种养模式是农业数字化发展的未来趋势，虽然面临一定的劣势，但是它的优势也是明显的。未来随着技术的不断提升，立体种养模式将得到更广泛的应用。

综上所述，立体种养模式要走出一条符合当地特色循环经济发展综合农业的新路子，需要农业、科技等多个部门的通力合作，根据市场需求，因地制宜制定出适合当地的立体种养模式。有关部门在政策、技术上对农户要加以扶持，让农民搞起立体种养能得心应手，从而让立体种养真正成为农民的一条有发展前景的新兴农业路。

实际案例

安平县 2022 年绿色种养循环农业试点项目效果显著
粪污转化的"黑液体" 农民致富的"良药剂"

安平县成立了"绿色种养循环农业试点工作推进小组"，并组建微信工作群，梳理项目开展关键环节，明确关键岗位工作责任，实现了绿色种养循环农业试点工作的"闭环管理、集中储运、点对点配送"。

在畜禽粪污收集环节，针对养殖主体相对分散、地域跨度较大的现状，临时小组综合地域分布、畜禽粪污产量，制定"粪污集中收集时间表"，以收集主体、畜禽养殖主体为重点，以微信工作群为核心，提前沟通、提前安排、提前准备，实现粪污全量集中收集。

在沼液肥配送环节，以2021年项目核心示范区为基础，针对不同作物生长的关键时节，以配送主体、种植主体为重点，提前联系明确示范地块具体位置，提前布置、安排沼液肥运输、储存工作，圆满完成了沼液肥的就近、就地还田任务，得到养殖户和肥料使用户的一致好评。

安平县组建田间监测小组，针对玉米开展的沼液肥还田示范，进行专项监测。

结果显示，在玉米核心示范区，"配方肥+沼液肥"可一定程度改善土壤的理化性状，提升土壤有机质、速效钾、有效磷、全氮含量。较常规施肥，有机质、速效钾、有效磷、全氮含量分别提升0.22%、4.19%、1.40%、1.80%。对改善玉米农艺性状、提升籽粒品质、增加产量具有促进作用。较常规施肥，株高增幅4.06%、千粒重提升1.58%、玉米鲜重增加5.10%；籽粒容重、蛋白质含量分别增加2.34%、5.68%，淀粉含量减少1.84%；增产12.59%。

在监测点实施"沼液肥+配方肥"模式，玉米增产10%以上，实现增产、节本、增效、提质250元/亩以上。

其中安平镇南张沃村示范农户感叹道"这粪污出来的'黑液体'，成了咱们农民致富的'良药剂'了"。

在西两洼乡郑家村开展沼液肥还田过程中，融合"水肥一体化"，沼液肥"一站式"还田显奇效，充分利用安平县老家食品有限公司的水肥一体化设施，实现了沼液肥的集中、一站式还田。结果显示，玉米农艺性状改善、质量提升、增产等效果均优于沼液肥常规灌溉还田。

依托水肥一体化设施，开展的沼液肥还田，在保证实施效果的前提下，极大程度地降低了人工投入、提升了还田效率。水肥一体化的沼液肥"一站式"还田，在实现作物增产、节本、增效、提质方面，效果突出。